Bürokorrespondenz Englisch

Langenscheidt

Bürokorrespondenz Englisch

Musterbriefe und Textbausteine

Von Vera Eck und Simon Drennan

Langenscheidt

Berlin · München · Wien · Zürich · New York

Umwelthinweis: gedruckt auf chlorfrei gebleichtem Papier

Umschlaggestaltung: Independent Medien-Design

© 1998, 2001 by Langenscheidt KG, Berlin und München
Druck: Presse-Druck, Augsburg
Printed in Germany
ISBN 3-468-29933-8
www.langenscheidt.de

01 02 03 04 05 * 5. 4. 3. 2. 1.

Inhalt

Vorwort

Aus meiner eigenen Erfahrung im Sekretariat ist mir bewusst, wie wichtig die englische Sprache ist. Das erlernte Schulenglisch und selbst der Englischunterricht während der Ausbildung vermittelt häufig nur ein Grundwissen. Redewendungen, genaue Formulierungen oder einfach nur Hilfen zum Führen eines freundlichen Telefonats kommen dabei oft zu kurz.

Dieses Buch ist aus Unterlagen entstanden, die ich während meiner Zeit als Chefsekretärin in einem Pharmaunternehmen angefertigt hatte. Mit Hilfe unseres Dolmetschers/Übersetzers – Simon Drennan, einem Englisch-Muttersprachler – habe ich mir die wichtigsten Formulierungen zusammengetragen und übersetzt und so ein eigenes, ganz spezifisches Handbuch erstellt.

Dieses Nachschlagewerk soll Ihnen helfen, für viele Aufgaben im Sekretariat die passende Formulierung zu finden. Es enthält Hilfen zum richtigen Telefonieren, zum Besprechen eines Anrufbeantworters, zum Buchen von Hotels, zur Anmeldung zu Konferenzen und und und …

Schon einfache Formulierungen lassen das Gespräch oder den Brief professioneller wirken. Genauso verhält es sich mit der Betreuung der Gäste in Ihrem Unternehmen. Einfache, schnell erlernbare Sätze lassen Sie freundlicher, höflicher und sicherer wirken. Das Gespräch mit einem ausländischen Gast ist dann keine Qual mehr, Sie können vielmehr ganz entspannt solchen Situationen begegnen.

Dieses Buch ist in vier Kapitel aufgeteilt. Kapitel 1 enthält vollständig übersetzte Redewendungen und schriftliche Formulierungen, die während der Sekretariatsarbeit immer wieder vorkommen. Das zweite Kapitel zeigt Musterbriefe, Kapitel 3 bietet Ihnen zusätzliche Informationen, wie zum Beispiel das internationale Buchstabieralphabet, Vorwahlnummern und das Ansagen der Telefonnummer. Im vierten Kapitel haben wir noch einmal die wichtigsten Vokabeln alphabetisch sortiert. Ein Querverweis zeigt Ihnen dann, wo Sie Beispielsätze im Kapitel 1 oder 2 zu diesem Verb oder dieser Redewendung finden können.

Wir hoffen, dass Ihnen dieses Buch den Arbeitsalltag erleichtern wird und wünschen Ihnen weiterhin viel Erfolg.

Allgemeines zur Gestaltung des englischen Briefes

Fremdsprachliche Briefe können problemlos in Verbindung mit unserer DIN-Norm geschrieben werden. Sie müssen das Format Ihres Briefes nicht anpassen, da der englische Brief ohnehin keiner feststehenden Norm unterworfen ist. Hier aber die wichtigsten Grundregeln, die man auf jeden Fall beachten sollte:

- Die Betreffzeile sollte man fett setzen oder mit »re«/»Re«/ »ref.«/»Ref.« (reference) kennzeichnen. In Großbritannien wird sie auch – anders als im deutschsprachigen Raum – unter die Anrede geschrieben.
- Die Anrede lautet grundsätzlich: Dear (liebe/r).
- Nach dem Komma der Anrede wird immer groß geschrieben.
- Die Grußformel muss zur Adressanschrift passen.
- Es ist ratsam, bei der Unterschrift den Vornamen auszuschreiben, da man in Folgebriefen häufig auch mit dem Vornamen angesprochen wird.
- Um den rechtlichen Hintergrund zu wahren, empfiehlt es sich, Angaben wie ppa. und i.V. in Komma eingefügt unübersetzt zu schreiben (ppa. und i.V. werden häufig beide mit p.p. übersetzt).
- Das Datum sollte unmissverständlich, also möglichst den Monat ausgeschrieben oder abgekürzt, geschrieben werden.

Ferner gibt es Unterschiede zwischen der britischen und der US-amerikanischen Schreibweise. Falls Sie unsicher sind (zum Beispiel werden manche Wörter im Britischen mit »s«, im Amerikanischen mit »z« geschrieben), schlagen Sie bitte im Wörterbuch nach.

1 Textbausteine: Redewendungen und Standardformulierungen

1.1 Der Brief

Adresse	address
Absender	sender
Empfänger	addressee

1.2 Versandangaben

Persönlich	personal
Telefax	fax
Telegramm	telegram
Luftpost	airmail
Vertraulich	confidential
Einschreiben	recorded delivery, registered letter

1.3 Empfängeranrede

Familie	family
Frau (unbekannt, ob verheiratet)	Ms.
»Fräulein«	Miss
Frau	Mrs.
Herrn	Mr.
Herren	Messrs.
Herrn Dr. Prof.	Prof.
Sehr geehrte Damen und Herren,	Dear Sir/Madam (oder Madam/Sir)

Sehr geehrter Herr,	Dear Sir,
Sehr geehrte Dame,	Dear Madam,
Herrn Dr.	Dr.
in Firma Müller & Co.	c/o Müller & Company
zu Händen Herrn Torkier	c/o Mr. Torkier

1.4 Datum

Berlin, 31. Dezember 1998	Berlin, 31 Dec[ember] 1998 Berlin, Dec[ember] 31, 1998 Berlin, 31st Dec[ember], 1998 Berlin, Dec[ember] 31st, 1998
Berlin, 31.12.98	Berlin, 31.12.98
31.12.98	31/12/98
Berlin, im Januar 1999	Berlin, January 1999

1.5 Betreff

Ihr Anschreiben vom 20.12.1998	Your letter of 20.12.1998
Ihr Fax vom 20.12.98 an unsere Abteilung Vertrieb	Your fax of 20.12.98 to our Marketing Department
Ihr Schreiben vom 20.12.98, eingegangen am 31.12.98	Your letter of 20.12.98, received on 31.12.98
Ihr Telefonat vom 20.12.98 mit unserer Frau Schmidt	Your telephone conversation of 20.12.98 with Mrs. Schmidt
Ihre Anfrage bezüglich unseres Artikels	Your enquiry regarding our article
Ihre Bestellung vom 20.12.98	Your order of 20.12.98
Ihre Lieferung vom 20.12.98	Your delivery of 20.12.98
Ihre schriftliche Anfrage vom 20.12.98	Your written enquiry of 20.12.98
Ihre telefonische Anfrage nach unserem Artikel Trolliwax	Your telephone enquiry regarding our Trolliwax article
Ihre Zeichen/Unsere Zeichen	Your ref./Our ref.

1.6 Einführung

Vielen Dank für Ihr Interesse an unserem Sortiment	Thank you for your interest in our product range
Wie im Telefonat zwischen Ihnen und Herrn Schmidt bereits ausführlich besprochen, teilen wir Ihnen Folgendes mit:	As already discussed in detail during your telephone conversation with Mr. Schmidt, we would like to inform you of the following:
Wir freuen uns, Ihnen mitteilen zu können, dass wir bis zum 20.08.98 Ihre Bestellung ausliefern werden	We are happy to be able to inform you that we will deliver your order by 20.08.98
Vielen Dank für Ihr Schreiben vom 20. Dezember 98, in dem Sie uns mitteilten, dass Sie zu der o. g. Veranstaltung kommen werden	Thank you for your letter of 20th December 1998 in which you informed us that you will be coming to the above function
Vielen Dank für Ihre Nachfrage vom 20. Dezember 1998 und das damit verbundene Interesse an unserem Unternehmen	Thank you for your enquiry of 20th December 1998 and your interest in our company
Ich beziehe mich auf das am 20.12.98 mit Ihrer Abteilung »Warenannahme« geführte Telefonat, in dem Sie den Empfang der Ware bestätigt haben	With reference to my telephone conversation of 20. December 98 with your Incoming Goods Department, in which you confirmed receipt of the goods
Bezüglich des am 20.12.98 geführten Telefonates zwischen Ihrer Frau Schmidt und unserem Herrn Hiller teilen wir Ihnen mit, dass wir den Auftrag Ihrem Wunsch entsprechend ausführen werden	With reference to the telephone conversation of 20. December 98 between Ms. Schmidt and Mr. Hiller, we would like to inform you that we will carry out your order as per your wishes

Mit Bezug auf das von Ihnen am 20.12.98 zur Verfügung gestellte Muster freuen wir uns, Ihnen mitteilen zu können, dass wir bis zum 03.01.99 die Lieferung veranlassen werden	With reference to the samples you supplied us on 20.12.1998, we are delighted to be able to inform you that we will arrange for delivery by 03.01.99
Ich beziehe mich auf Ihr Schreiben vom 20.12.98, in dem Sie mir mitteilen, dass Sie am 11.01.99 an der oben genannten Veranstaltung als Redner teilnehmen wollen	I refer to your letter of 20.12.98, in which you informed me that you wish to take part in the above event as a speaker
Wie in unserem Schreiben vom 20.12.98 bereits ausführlich beschrieben, besteht der Kühlschrank aus 100 % FCKW-freiem Material	As already described in detail in our letter of 20.12.98, the refrigerator consists of 100 % CFC-free material

1.7 Abschlussfloskeln

Bitte bestellen Sie auch weiterhin bei uns	We hope that you continue to order from us
Falls Sie weitere Informationen benötigen, stehe ich Ihnen gerne unter der Tel.-Nr. 22 55 zur Verfügung	If you require further information, I would be glad to be of help to you on tel. no. 22 55
Bitte rufen Sie mich an, falls ich Ihnen mit weiteren Informationen helfen kann	Please ring me if I can help with further information
Ich danke Ihnen im Voraus bestens für die schnelle Bearbeitung	Many thanks in advance for processing at your earliest convenience
Ich hoffe, Sie bald einmal persönlich kennen lernen zu können	I do hope that I will have the opportunity to meet you in person in the near future

Ich hoffe, wir haben Ihnen mit diesen Angaben geholfen	I do hope that this information has been of help to you
Im Voraus vielen Dank für Ihre Bemühungen	Many thanks in advance for your trouble
Ich würde mich freuen, wenn ich die Gelegenheit hätte, wieder einmal mit Ihnen zusammenarbeiten zu können	I would be delighted to have the opportunity to work with you again
In der Hoffnung, bald von Ihnen zu hören, verbleibe ich, mit freundlichen Grüßen	Hoping to hear from you soon, I remain, Yours faithfully/Yours sincerely
Wir hoffen trotzdem, daß Sie uns immer als zuverlässigen Lieferanten in Erinnerung behalten	We nevertheless hope that you will remember us as a reliable supplier
Ich freue mich, Sie zu diesem Anlass persönlich kennen zu lernen	I am looking forward to meeting you in person at this function
Ich hoffe, dass wir die Angelegenheit im beiderseitigen Einverständnis klären können	I hope that we will be able to clarify the matter to our mutual satisfaction
Wir hoffen, Sie sind auch diesmal mit der Ausführung der Arbeiten zufrieden	We hope that you are as satisfied with the work we have carried out as you were last time

1.8 Grußformeln

wenn diese Anrede ...	dann diese Grußformel	wenn diese Anrede ...	dann diese Grußformel
Sehr geehrte Damen und Herren	Hochachtungsvoll	Dear Sir/ Madam	Yours faithfully
Sehr geehrter Herr Schmidt	Mit freundlichen Grüßen	Dear Mr. Schmidt	Yours sincerely

Lieber Herr Schmidt	Mit den besten Grüßen	Dear Mr. Schmidt	Best wishes
Sehr geehrte Frau Schmidt	Im Voraus besten Dank für Ihre Mühe	Dear Mrs Schmidt	Thanking you in advance for your trouble
Lieber Fred	Deine Renate	Dear Fred	Yours, Renate

1.9 Unterschriften

geschrieben von Erika Erpel	typed by Erika Erpel
Dieses Schreiben bedarf keiner Unterschrift	This letter does not require a signature
diktiert – nicht gelesen	dictated – not read
diktiert von Fritz Müller	dictated by Fritz Müller
für Herrn Müller i. A. Erika Erpel	(handschriftl. Unterschrift) p.p. Herr Müller
gezeichnet Erika Erpel	signed oder sgd. Erika Erpel
i. A.	p.p. (vor dem Namen desjenigen, für den man unterschreibt; eigener Name i.d.R. nur handschriftlich)
in Abwesenheit von Fritz Müller	in the absence of Fritz Müller
Nach Diktat verreist	away after dictation
i. V.	on behalf of, p.p.
ppa.	p.p. *(ppa.)*

1.10 Anlagen

Ablage Abteilung Dokumentation	filed in Documentation Department
»Wen es angeht«	to whom it may concern
Anlage	attachment, enclosures, encl.
Blindkopie:	b.c. (blind copy)
Bitte an die betreffenden Stellen weiterleiten	Please forward to whom it may concern

Bitte an Ihre Abteilung Wareneingang in doppelter Ausführung verteilen	Please distribute two copies to your Incoming Goods Department
Bitte behandeln Sie diese Kopie als Ihr Original	Please treat this copy as your original
Bitte intern kopieren	Please copy internally
Bitte intern verteilen	Please distribute internally
Bitte nach Prüfung gegebenenfalls weiterleiten	Please forward after inspection, if required
Bitte nach Prüfung zurück	Please return after inspection
Bitte nach Unterschrift zurück	Please return after signing
Verteiler:	Distribution:
In Kopie bereits verteilt an:	distributed as copy to:
Kopie an:	cc:

1.11 Sachbearbeitung

1.11.1 Bestellung

Hiermit bestelle ich zum schnellstmöglichen Zeitpunkt folgende Artikel:	I would like to order the following articles as soon as possible:
Hiermit bestelle ich das Sofa »BRIGITTE«	I would like to order the "BRIGITTE" sofa
Ich bestelle die folgenden Waren aus Ihrem neuesten Katalog:	I wish to order the following goods from your latest catalogue:
Alle bis zum 20.12.98 eingehenden Bestellungen werden wir noch in diesem Jahr ausführen können	All orders received by 20.12.98 will be processed by the end of the year
Bitte bestellen Sie demnächst nur noch schriftlich	In future, please place orders in writing only
Bitte lassen Sie die Bestellung durch eine unterschriftsberechtigte Person unterschreiben	Please arrange for the order to be signed by a person authorised to do so

Die Bestellung kann nicht in dem gewünschten Zeitraum ausgeführt werden	The order cannot be processed in the time requested
Bitte senden Sie uns die Bestellung noch einmal im Original zu	Please send us the original order again
Sie haben unser Versprechen, dass Ihre Bestellung diesmal garantiert pünktlich, zuverlässig und vollständig ausgeführt wird.	We guarantee that we will process your order promptly, reliably and completely this time
Vielen Dank für Ihre Bestellung vom 10.12.98	Thank you for your order of 10.12.98

1.11.2 Lieferung

Bitte bedenken Sie, dass eine weitere Lieferverzögerung ein Stornieren unserer Bestellung mit sich bringt	Please bear in mind that any further delay in delivery will lead to our order being cancelled
Die beigefügte Ware ist Teil der Lieferung vom 20.12.98	The enclosed goods are part of the delivery of 20.12.98
Alle weiteren Lieferungen bitten wir, an unser Werk in Köln zu senden	We request that you send any further deliveries to our plant in Cologne
Bitte liefern Sie umgehend	Please deliver as soon as possible
Bitte veranlassen Sie die Abholung der Lieferung	Please arrange for collection of the delivery
Die Lieferung erfolgt frei Haus	There are no delivery charges

1.11.3 Zahlung

Bitte zahlen Sie per Scheck	Please pay by cheque
Bitte finden Sie anliegend unsere Zahlungsbedingungen	Please find enclosed our terms of payment
Zahlungstermin ist der 2. April 1998	Date of payment is 2nd April 1998

Bitte zahlen Sie per Überweisung	Please pay by transfer
Bitte legen Sie Ihrer Bestellung 10.– DM in Briefmarken bei	Please enclose DM 10.– in stamps with your order
Bitte zahlen Sie bar	Please pay in cash
Wir bitten um Nettobarzahlung	Please pay in net cash
In der Anlage finden Sie eine Einzugsermächtigung	Please find attached a standing order for a direct debit
Zahlen Sie das Geld auf unser Konto ein	Please pay the money into our account
Wir bitten Sie, die Ware bei Empfang bar zu bezahlen	Please pay in cash upon receipt of the goods
Wir bitten um Überweisung auf unser o. g. Konto bei der Bank Müller & Co.	Please transfer to the above account at Müller & Co. bank
Die bestellte Ware bleibt bis zur vollständigen Bezahlung Eigentum unserer Firma	The ordered goods remain the property of our company until complete payment
Für eine Bestellung von Waren in dieser Höhe benötigen wir eine Anzahlung	We required a deposit for orders of goods at this price

1.11.4 Reklamation/Verzögerung

Diese Lieferung war schlecht verpackt	This delivery was badly packaged
Eine weitere Bestellung durch Ihre Firma werden wir wegen der schlechten Zahlungsmoral nicht annehmen können	We will no longer accept orders from your company due to your reluctance to pay
Eine weitere Verzögerung der Lieferung werden wir nicht dulden	We will not tolerate any further delay in delivery
Die Lieferung ist beschädigt in unserem Werk angekommen	The delivery was damaged on arrival in our plant

Die Lieferung wird sich leider noch um weitere 2 Wochen verzögern	The delivery will unfortunately be delayed by another 2 weeks
Leider ist die Lieferung nur unvollständig angekommen	Unfortunately, the delivery arrived incomplete

1.11.5 Mahnung

Wir fordern Sie auf, die Rechnung in Höhe von 200.– DM umgehend zu begleichen	We demand that you settle the account of 200 DM immediately
2. Mahnung, Ihre Bestellung vom 10.10.98	2nd reminder, your order of 10.10.98
Wir erinnern höflich daran, dass Sie die Rechnung vom 10.10.98 bis zum heutigen Tage nicht beglichen haben. Bitte holen Sie dies bis zum 15.12.98 nach.	We would like to remind you that you have yet to settle the account of 10.10.98. Please rectify this by 15.12.98

1.12 Sonstiges

1.12.1 Einverständnis

Bitte erklären Sie sich einverstanden, die volle Verantwortung in dieser Angelegenheit zu übernehmen	Please give your consent that you will take full responsibility for this matter
Das Einverständnis muss schriftlich erfolgen	The declaration of consent must be in writing
Eine Einverständniserklärung bedarf immer zweier Unterschriften	A declaration of consent always requires two signatures
Gemäß Ihrer Einverständniserklärung vom 20.12.98 haben wir alles nach Ihren Wünschen veranlasst	In accordance with your declaration of consent dated 20.12.98, we have arranged everything as you requested

Ihr Einverständnis vorausgesetzt, haben wir die Lieferung an Ihre Freiburger Anschrift geschickt	Subject to your consent, we have sent the delivery to your Freiburg address
Wir erklären uns einverstanden, die Zahlung innerhalb von 30 Tagen zu tätigen	We acknowledge that we are obliged to pay within 30 days
Wir hoffen, wir haben in Ihrem Sinne gehandelt	We hope to have acted in your interests

1.12.2 Vollmachten

Hiermit ermächtigen wir Herrn Müller, alle Fahrzeuge anzumelden	We hereby authorise Mr. Müller to register all vehicles
Wir bevollmächtigen unseren Mitarbeiter, Herrn Simon Buchwald, zur Abholung der folgenden Dokumente	We authorise our employee Mr. Simon Buchwald to take receipt of the following documents
Bis auf Widerruf bevollmächtigen wir unseren Herrn Wilhelm Kahr, bis zu einem Kaufpreis in Höhe von 10.000.– DM Waren einzukaufen	We authorise Mr. Wilhelm Kahr to purchase goods to a sum of 10,000 DM until further notice
Hiermit erteile ich Herrn Rechtsanwalt Haubich die Vollmacht, mich in der o. g. Angelegenheit zu vertreten	I hereby confer Mr. Haubich (Lawyer) the power of attorney to represent me in the above matter
Wir gestatten unserer Frau Erika Eck, den Firmenwagen zu benutzen	We permit Ms. Erika Eck to use the company car

1.12.3 Stellungnahme

In der oben beschriebenen Angelegenheit geben wir folgende Stellungnahme ab:	Our reaction to the matter described above is as follows:
Die Angelegenheit können wir wie folgt erklären:	We can explain the matter as follows:

Dazu haben wir Folgendes zu sagen:	We have the following to say about it:
Zur Klärung der Angelegenheit möchte ich mich gerne persönlich mit Ihnen treffen	In order to clarify the matter, I would like to meet you personally.
Wir hoffen, mit dieser Erklärung alle Fragen ausgeräumt zu haben	We hope to have clarified all questions with this explanation

1.12.4 Bescheinigungen, Bestätigungen

Hiermit bescheinigen wir, dass Frau Renate Wimmer in der Zeit vom 01.01. bis 20.06.98 im Rahmen eines befristeten Arbeitsvertrages bei uns beschäftigt war	We hereby certify that Ms. Renate Wimmer was employed in our company on a short-term contract from 01.01. bis 20.06.98
Wir bescheinigen Ihnen die Teilnahme an den folgenden Kursen:	We certify that you took part in the following courses:
Wir bestätigen hiermit, dass Herr W. Wurm hervorragende Dienste geleistet hat	We hereby certify that Mr. W. Wurm's work was excellent
Mit diesem Schreiben bescheinigen wir Frau Martha Müllrich, dass wir die Kosten in Höhe von 200.– DM gerne übernehmen werden.	We certify with this letter that we will cover the costs of 200 DM for Ms. Martha Müllrich.

1.12.5 Glückwünsche

Alles Gute und viel Glück wünschen Ihnen alle Mitarbeiter	Best wishes and good luck from all your colleagues
Die allerbesten Glückwünsche zur Geburt Ihrer Tochter senden Ihnen alle Mitarbeiter unserer Firma	Congratulations on the birth of your daughter from all the employees of our firm

Viel Erfolg und viel Glück im neuen Job wünschen Ihnen die Kollegen	Your colleagues wish you every success and happiness in your new job
Machen Sie's gut	Take care
Wir hoffen, Sie haben mit Ihrer Geschäftsidee viel Erfolg	We hope that your business idea is a success

1.12.6 Entschuldigungen

Wir bedauern die Verzögerung außerordentlich und möchten uns für die Unannehmlichkeiten entschuldigen	We deeply regret the delay and would like to apologise for any inconvenience
Wir entschuldigen uns vielmals für das Vorgehen unseres Mitarbeiters	We sincerely apologise for the behaviour of our employee
Bitte entschuldigen Sie meine Verspätung	Please excuse my being late
Bedingt durch Personalengpässe sind diese Verzögerungen eingetreten. Wir bitten Sie vielmals um Verzeihung	These delays occurred due to staff shortages. We do apologise

1.13 Das Telefonat

1.13.1 Begrüßung, Bitte um Verbindung

Pharmawerke Windelfing, Schmidt, guten Tag	Pharmawerke Windelfing, Schmidt, good morning/ afternoon
Guten Tag, Sie sprechen mit Irene Schmidt, was kann ich für Sie tun?	Good morning, my name is Irene Schmidt, how can I help you?
Guten Tag, hier ist die Firma Windelfing, was kann ich für Sie tun?	Good morning, this is Windelfing, how can I help you?
Kann ich bitte mit Frau Schmidt sprechen?	Can I speak to Ms. Schmidt, please?

Hallo, wie geht es Ihnen?	Hello, how are you?
Ich nehme an, Sie haben sich verwählt. Welche Nummer haben Sie vorliegen?	I think you must have the wrong number. Which number do you have?
Mit wem spreche ich?	Who is speaking?
Guten Tag, mein Name ist Vera Jung, ich rufe an für Herrn Hans Mahler	Hello, this is Vera Jung speaking, I am calling on behalf of Mr. Hans Mahler
Sie sprechen mit Frau Krause	This is Ms. Krause speaking
Es ist sehr dringend, bitte geben Sie mir Herrn Müller!	It's urgent, put me through to Mr. Müller, please!
Ich möchte mit jemand über eine Bestellung sprechen	I would like to speak to somebody about an order
Ich würde gerne die Einkaufsabteilung sprechen	I would like to speak to the Purchasing Department
Kann ich bitte mit der Personalabteilung verbunden werden?	Could you connect me with the Personnel Department please?
Bitte stellen Sie mich zum Werkleiter durch	Put me through to the Plant Manager, please

1.13.2 Leitung besetzt

Es tut mir Leid, Herr Schmidt spricht gerade, darf ich Ihnen seine Durchwahl geben?	I am sorry, Mr. Schmidt is speaking on the other line, may I give you his extension number?
Wollen Sie warten?	Can you hold?
Kann er Sie zurückrufen? Wie ist bitte Ihre Telefonnummer?	Can he ring you back? What is your telephone number please?
Wie lange sind Sie unter dieser Nummer noch zu erreichen?	How long can you be reached on this number?
Kann ich etwas ausrichten?	May I take a message?
Möchten Sie vielleicht mit seinem Stellvertreter sprechen?	Would you like to speak to his deputy?

Möchten Sie etwas für ihn hinterlassen?	Would you like to leave a message for him?
Kann ich etwas an Herrn Schmidt weiterleiten/ausrichten?	Can I take a message for Mr. Schmidt?
Um welche Angelegenheit handelt es sich bitte?	Could you tell me what it is about, please?
Handelt es sich um eine private Angelegenheit?	Is it a private matter?
Bleiben Sie bitte am Apparat	Please hold the line
Kann ich Ihnen vielleicht helfen?	Perhaps I could help you?

1.13.3 Verständigungsschwierigkeiten

Bitte sprechen Sie etwas langsamer	Could you speak more slowly, please?
Können Sie das bitte wiederholen?	Could you repeat that, please?
Die Verbindung ist sehr schlecht	It's a very bad line
Können Sie Deutsch sprechen?	Do you speak German?
Bitte sprechen Sie deutlicher	Please speak more clearly
Könnten Sie diese Anfrage bitte schriftlich stellen?	Could you make this enquiry in writing please?
Welche Nummer haben Sie? Ich rufe zurück	What's your number? I'll ring you back
Welche Nummer haben Sie gewählt?	Which number did you dial?
Mit wem möchten Sie bitte sprechen?	Who would you like to speak to?
Es tut mir Leid, wir haben hier keinen Mr. Hrolliko	I'm sorry, but we don't have a Mr. Hrolliko here
Können Sie das bitte langsam wiederholen?	Could you repeat that slowly please?
Können Sie bitte lauter sprechen?	Could you speak a bit louder, please?

Spricht bei Ihnen jemand Deutsch?	Is there anyone there who speaks German?
Es tut mir Leid, ich spreche kein Französisch. Können wir Englisch sprechen?	I'm sorry, I don't speak French. Could we speak English?
Bitte sagen Sie jede Ziffer einzeln	Please give each digit separately
Ich verstehe nicht	I don't understand
Wir wurden getrennt	We were cut off
Es tut mir Leid, aber ich kann nur sehr wenig Englisch sprechen	I'm sorry, but I can only speak a little English
Leider verstehe ich überhaupt nichts	I am afraid I can't understand anything
Buchstabieren Sie das bitte	Could you spell that please?

1.13.4 »Abwimmeln« ungebetener Anrufer

Es tut mir Leid, Herr Müller ist in einer Besprechung	I'm sorry, but Mr. Miller is in a meeting
Leider ist Herr Müller im Moment nicht zu sprechen	I'm sorry, but Mr. Miller is unable to speak to you at the moment
Bitte nehmen Sie zur Kenntnis, dass ich keine weiteren Anrufe wünsche	Please accept that I do not want any more telephone calls
Er ist für Sie nicht zu sprechen	He does not wish to speak to you
Wir haben an Ihrem Produkt kein Interesse	We have no interest in your product
Ich kann im Moment keine Anrufe durchstellen	I am unable to forward any calls at the moment
Herr Müller ist auf Dienstreise und wird erst in zwei Monaten zurückerwartet	Mr. Müller is away on business and is not expected for another two months
Herr Müller hat Urlaub	Mr. Müller is on holiday
Er ist zur Zeit außer Haus	Mr. Müller is currently not in his office

Ich darf Sie leider nicht durchstellen	I am not allowed to put you through, I am afraid
Kann Ihnen auch Frau Knölle weiterhelfen?	Can Ms. Knölle be of help to you?

1.13.5 Angerufener nicht da

Es tut mir Leid, Herr Kröll ist außer Haus	I'm sorry, but Mr. Kröll is not in his office
Ich fürchte, Herr Kröll ist noch im Urlaub. Wollen Sie mit seinem Vertreter sprechen?	I'm afraid Mr. Kröll is still on holiday. Would you like to speak to Mr. Kröll's deputy?
Können Sie Herrn Kröll bitten, mich zurückzurufen?	Could you ask Mr. Kröll to ring me back?
Leider ist er nicht da. Kann ich etwas ausrichten?	I'm afraid he's not in. Can I take a message?

1.13.6 Verabschiedung (Telefon)

Vielen Dank für Ihre Mühe	Thank you for your trouble
Ich hoffe, ich haben Ihnen hiermit weitergeholfen	I hope to have been of help to you
Gern geschehen (bitte)	You're welcome
Viele Grüße an Ihre Sekretärin	Give my regards to your secretary
Nichts zu danken	Not at all (You're welcome)
Auf Wiederhören	Goodbye
Einen schönen Tag noch	Have a nice day
Sind damit Ihre Fragen geklärt?	Have your questions been answered?
Tschüs	Bye (bye)

1.13.7 Anrufbeantworter

Sie sind mit dem automatischen Anrufbeantworter der Firma Schmidt & Co. verbunden. Leider rufen Sie außerhalb unserer Bürozeiten an. Wir bitten Sie, sich montags bis freitags in der Zeit von 9.00 bis 16.00 Uhr zu melden. Vielen Dank	You have reached the voice mail of Schmidt & Co. You have rung us outside office hours. Please ring us Monday to Friday between 9 a.m. and 4 p.m. Thank you
Hier ist der Anrufbeantworter der Firma Schmidt & Co. Falls Sie eine Nachricht hinterlassen wollen, sprechen Sie bitte nach dem Signalton	This is the answering machine of Schmidt & Co. If you wish to leave a message, please speak after the signal
Sie haben den Anrufbeantworter der Firma Schmidt & Co. erreicht. Leider rufen Sie außerhalb der Bürozeiten an. Falls Sie eine Nachricht hinterlassen wollen oder um Rückruf bitten, sprechen Sie bitte nach dem Signalton. Falls Sie mit der Zentrale verbunden werden möchten, drücken Sie bitte die Taste 8 Ihres Telefons. Danke für Ihren Anruf	You have reached the answering machine of Schmidt & Co. You have rung outside office hours. If you wish to leave a message or would like us to ring you back, please speak after the signal. Please press 8 to talk to an operator. Thank you for calling
Bitte sprechen Sie klar und langsam nach dem Signalton Ihren Namen, Rufnummer und Grund Ihres Anrufes auf dieses Band. Wir werden Sie so bald wie möglich zurückrufen	Please state your name, telephone number and reason for your call clearly. We will call you back as soon as possible

1.13.8 Warteschleifen

Leider sind alle Leitungen besetzt. Bitte versuchen Sie es zu einem späteren Zeitpunkt noch einmal	Sorry, all our lines are busy. Please try again later
Bitte haben Sie ein wenig Geduld. Sobald einer unserer Mitarbeiter frei wird, werden wir Sie durchstellen	Please be patient. As soon as one of our staff is free, we will connect you
Bitte warten Sie, bis die Person, die Sie angewählt haben, verfügbar ist	Please wait until the person you have dialled is available
Bitte warten Sie	Please hold the line

1.14 Hotels

Ich möchte gerne ein Einzelzimmer in der Zeit vom 10. bis 14. März reservieren	I would like to reserve a single room for 10th to 14th March
Der Name des Gastes ist Herr Ulrich Schmidt	The name of the guest is Mr. Ulrich Schmidt
Bitte nehmen Sie diese Reservierung als garantierte Buchung, also mit Spätanreise, auf	Please take this reservation as a guaranteed booking, that is with late arrival
Herr Schmidt ist Selbstzahler und zahlt bei Abreise mit Kreditkarte	Mr. Schmidt will be paying himself by credit card
Herr Schmidt wird bar bezahlen	Mr. Schmidt will be paying cash
Bitte schicken Sie die Rechnung an unser Werk in Berlin	Please send the bill to our plant in Berlin
Wir übernehmen die Rechnung für Herrn und Frau Schmidt	We will cover the bill for Mr. and Ms. Schmidt
Ich habe eine provisorische Buchung vorgenommen	I have made a provisional booking

Die Familie wird gegen 18.00 Uhr anreisen	The family will arrive at around 6 p.m.
Haben Sie in der Zeit vom 10. bis 11. März noch ein Einzelzimmer frei?	Do you have a single room between 10th and 11th March?
Was kostet bitte ein Doppelzimmer mit Frühstück?	What does a double room with breakfast cost, please?
Beinhaltet der Preis auch das Frühstück oder geht das extra?	Does the price include breakfast, or is that extra?
Wie viel kostet bitte ein Kinderzustellbett?	How much does an extra child's bed cost?
Hat Ihr Haus auch ein Schwimmbad und eine Sauna anzubieten? Und ist dieser Service im Preis inbegriffen?	Does your hotel have a swimming pool and sauna? Is this service included in the price?
Bitte bestätigen Sie mir die Reservierung per Fax	Please confirm the reservation by fax
Bitte senden Sie mir vorab einen Prospekt Ihres Hotels	Please send me a brochure about your hotel in advance
Ich möchte gerne das Zimmer für Herrn Arnim Müller stornieren	I would like to cancel the room for Mr. Arnim Müller
Bedingt durch einige interne Probleme muss ich das Zimmer stornieren	Due to some internal problems, I have to cancel the room
Welche Zimmernummer wird Herr Schmidt bekommen? Können Sie mir bitte gleich Fax- und Tel.-Nr. mitteilen?	What will be Mr. Smith's room number? Can you give me the fax and telephone number now, please?

1.15 Gästebewirtung/Höflichkeiten

Ich habe mich sehr gefreut, Sie einmal persönlich kennen zu lernen	It was a pleasure to meet you in person.
Darf ich Ihnen einen Kaffee anbieten?	Can I offer you a cup of coffee?
Wollen Sie Ihren Mantel ablegen?	Would you like to hang your coat up?
Kann ich Ihnen den Mantel abnehmen?	Can I take your coat for you?
Bitte setzen Sie sich doch. Herr Müller ist sofort für Sie da	Please take a seat. Mr. Müller will be with you shortly
Das Konferenzzimmer ist für Sie reserviert. Die anderen Teilnehmer werden umgehend erwartet	The conference room has been reserved for you. The other participants are expected any minute
Vielen Dank, dass Sie sich die Mühe gemacht haben, zu uns zu kommen	Thank you very much for taking the trouble to come to see us
Wir haben bereits alles vorbereitet und hoffen, Sie werden sich bei uns wohl fühlen	We have organised everything and I hope that you will enjoy your stay with us
Sicher sind Sie hungrig. Kann ich Ihnen etwas zu essen bringen?	You must be hungry. Can I get you something to eat?
Leider ist in diesen Räumen das Rauchen nicht gestattet. Vielleicht wollen Sie in mein Büro kommen?	I'm afraid that smoking is not allowed in these rooms. Perhaps you would like to come into my office
Darf ich Ihnen die Tür aufhalten?	Can I hold the door open for you?
Die Toiletten finden Sie links um die Ecke	The lavatories are round the corner on the left

Falls Sie etwas benötigen, rufen Sie mich bitte an, ich bin am Platz und helfe Ihnen gerne	If you need anything, please ring me. I'll be in my office and will be glad to help you
Falls Sie sich nach der langen Fahrt erst einmal frisch machen wollen, die Waschräume sind im zweiten Stock	If you would like to freshen up after your long journey, the washrooms are on the second floor
Es hat mich sehr gefreut, Ihre Bekanntschaft gemacht zu haben	It was a great pleasure to meet you
Darf ich Ihnen Herrn Schmidt vorstellen? Herr Schmidt ist unser Abteilungsleiter und wird sich während Ihres Aufenthaltes um Sie kümmern	May I introduce you to Mr. Schmidt? Mr. Schmidt is our Head of Department and will be looking after you during your visit
Darf ich mich vorstellen: mein Name ist Nina Erpel	May I introduce myself? My name is Nina Erpel
Ich möchte Sie gerne ein wenig in unserer Firma herumführen. Sicher sind Sie auch an den anderen Gebäuden interessiert	I would like to show you round our company. I am sure that you are also interested in the other buildings
Darf ich Sie zu einem Glas Champagner einladen?	May I offer you a glass of champagne?
Wollen Sie heute Abend mit Herrn Müller essen gehen?	Would you like to have dinner with Mr. Müller this evening?
Falls Sie mich brauchen, ich bin im Nachbarzimmer	If you need me, I'll be in the next room
Kann ich Ihnen etwas abnehmen?	Can I take something for you?
Möchten Sie rauchen? Ich bringe Ihnen gerne einen Aschenbecher	Would you like to smoke? I'll get you an ashtray

1.16 Small Talk

Hatten Sie einen angenehmen Flug?	Did you have a pleasant flight?
Sind Sie mit Ihrem Hotel zufrieden?	Are you satisfied with your hotel?
Was sagen Sie zum deutschen Essen?	What do you think of German food?
Wie war das Wetter beim Abflug?	How was the weather when you took off?
Wie geht es Ihnen?	How are you?
Danke, mir geht es gut. Und Ihnen?	Very well, thank you. And you?
Wie ist das Wetter in Frankreich?	How is the weather in France?
Wie geht es Ihrer Frau?	How is your wife?
Wie gefällt Ihnen unsere Firma?	How do you like our company?
Sie sprechen aber sehr gut Deutsch	You speak very good German
Waren Sie bereits einmal in Berlin?	Have you been to Berlin before?
Wie lange wollen Sie in Berlin bleiben?	How long do you want to stay in Berlin?
Sind Sie mit dem Taxi gekommen?	Did you come by taxi?
Hatte der Flug Verspätung?	Was the flight delayed?
Ich hoffe, Sie haben unsere Firma gleich gefunden	I hope you found our company without any trouble
Waren Sie schon am Brandenburger Tor?	Have you been to the Brandenburg Gate before?
Haben Sie schon eine Urlaubsreise geplant?	Have you planned your holiday yet?
Ich werde in den Ferien nach Spanien fahren	I am going on holiday to Spain
Prost! Auf ein erfolgreiches Geschäft!	Cheers! Here's to a successful deal!

Ich werde heute Abend in die Oper gehen	I'm going to the opera this evening
Ich habe schon viel von Ihnen gehört	I've heard a great deal about you.
Leiden Sie auch unter Flug- angst?	Are you afraid of flying?

1.17 Flüge

Herr Müller wird den 5-Uhr-Flie- ger ab Stuttgart nehmen	Mr. Müller will be taking the 5 o'clock plane from Stutt- gart
Wie lange ist das Ticket gül- tig?	How long is the ticket valid (for)?
Der Flughafenzubringer fährt eine Stunde vor Abflug	The airport bus goes one hour before take-off
Sie müssen eine Stunde vor Abflug da sein	You must be there one hour before take-off
Ich muss um 8.00 Uhr in Lon- don sein	I must be in London at 8 o'clock
Ich möchte einen Flug nach München	I'd like a flight to Munich
Was kostet ein Flug nach Lon- don?	How much is a flight to London?
Wie viel Gepäck darf man frei mitnehmen?	What is the luggage allow- ance?
Gibt es einen Bus zum Flug- hafen?	Is there a bus to the air- port?
Er nimmt einen internationa- len Flug	He's taking an international flight
Ist dies ein Direktflug?	Is this a direct flight?
Dies ist ein Flug mit Unter- brechung	This is a connecting flight
Wie viel kostet dieser Inland- flug?	How much is this domestic flight?
Fliegen Sie mit Gepäck?	Are you flying with luggage?

Kann ich noch einen Platz auf dieser Maschine buchen?	Can I still book a seat on this plane?
Um wie viel Uhr möchten Sie zurückfliegen?	What time do you want to fly back?
Wir erwarten Herrn Meerich um 10.00 Uhr am Flughafen Tegel	We are expecting Mr. Meerich at 10 o'clock at Tegel Airport.
Fliegt er ab Tegel oder ab Tempelhof?	Is he flying from Tegel or Tempelhof?
Welche Fluggesellschaft haben Sie gebucht?	Which airline did you book?
Nennen Sie mir bitte die Flugnummer	Could you give me the flight number, please?
Wann wird Herr Meerich in Berlin ankommen?	When is Mr. Meerich due to arrive in Berlin?
Abflugzeit ist 7.00 Uhr. Ankunftszeit ist 13.00 Uhr	Departure is at 7 o'clock. Arrival is at 1 o'clock.
Haben Sie bereits ein Ticket?	Have you got a ticket yet?
Wie war der Flug?	How was the flight?
Kann ich telefonisch für Sie einchecken?	Can I check in for you by telephone?

1.18 Autoanmietung

Ich würde gern für Herrn Meier einen Audi A4 in der Zeit vom 5. Mai bis 7. Mai anmieten	I'd like to hire an Audi A4 for Mr. Meier between 5th May and 7th May
Wie viel kostet die E-Klasse pro Tag?	How much does an E-Class cost per day?
Beinhaltet dieser Preis auch eine Versicherung?	Does this price include insurance?
Wie viel Kilometer sind in diesem Preis frei?	How many free kilometres are included in this price?
Brauchen Sie die Kunden-Nummer von Herrn Meier?	Do you need Mr. Meier's customer number?
Ist Herr Meier damit vollumfänglich versichert?	Is Mr. Meier completely insured?

Frau Droste möchte den Wagen um 10.00 Uhr am Flughafen Köln/Bonn abholen. Sie wird den Wagen gegen 17.30 Uhr am Flughafen Frankfurt Main abgeben	Ms. Droste would like to pickup the car from Cologne/Bonn airport at 10 o'clock. She will return the car at Frankfurt airport at about 5.30 p.m.
Leider kann ich Ihnen die Kunden-Nr. von Frau Droste nicht nennen	I am afraid I can't give you Ms. Droste's customer number
Frau Droste wird gegen 15.00 Uhr landen. Steht der Wagen dann bereit?	Ms. Droste will be landing at about 3 p.m. Will the car be ready then?
Wie lange wird Frau Droste von Köln nach Frankfurt fahren? Liegt eine Deutschlandkarte im Wagen?	How long will it take Ms. Droste to drive from Cologne to Frankfurt? Is there a map of Germany in the car?
Frau Droste kann leider keinen Automatik fahren. Bitte stellen Sie einen Wagen mit Gangschaltung bereit	I'm afraid Ms. Droste can't drive an automatic. Please provide a manual car

1.19 Anmeldung/Bestätigung

Ich bitte Sie, Herrn Nowack für die Messe am 17.03.98 als Teilnehmer anzumelden	Please register Mr. Nowack as a participant in the fair on 17.03.98
Ich bestätige die Teilnahme von Frau Mompe an der o. g. Sitzung	I confirm Ms. Mompe's participation in the above meeting
Bitte bestätigen Sie mir diese Anmeldung umgehend per Fax	Please confirm this registration by fax immediately
Frau Mompe wird an der Konferenz als Rednerin teilnehmen	Ms. Mompe will be taking part as a speaker at the conference
Weitere Teilnehmer werden Ihnen umgehend mitgeteilt	You will be informed immediately of further participants

Ich melde hiermit Herrn Gutknecht für die Teilnahme an der Pressekonferenz an	I hereby register Mr. Gutknecht for the press conference
Er wird garantiert teilnehmen	He will definitely be taking part
Leider wird aus unserer Abteilung niemand teilnehmen können	I am afraid that nobody from our department will be able to take part
Darf ich Sie bitten, Frau Müller für die Konferenz am 10.03.98 anzumelden?	May I ask you to register Ms. Müller for the conference on 10.03.98?

1.20 Einladung

Wir möchten Sie gerne zu unserer Eröffnungsfeier einladen	We would like to invite you to our opening party
Wir würden uns freuen, wenn Sie diese Einladung annehmen könnten	We would be delighted if you accepted this invitation
Wir laden Sie ein, mit uns im Rahmen einer kleinen Feier den guten Geschäftsabschluss zu feiern	We invite you to celebrate the successful deal with us at a small party
Über Ihr Kommen würden wir uns sehr freuen	We would be delighted if you could come
Bitte bringen Sie dieses Einladungsschreiben zur Veranstaltung mit	Please bring this invitation with you to the function
Wir wollen Ihnen unseren aufrichtigen Dank für die tatkräftige Unterstützung aussprechen und laden Sie daher ein, im Rahmen eines Dinners mit uns die guten Abschlüsse zu feiern	We would like to express our gratitude for your great support and invite you to celebrate the successful deal with us at dinner

Ich möchte Sie gern zum Abendessen einladen. Haben Sie heute Abend Zeit?	I would like to invite you to dinner. Do you have time this evening?

1.21 Absage

Leider kann ich aus privaten Gründen nicht zu Ihrer Feier kommen. Trotzdem aber nochmals vielen herzlichen Dank für die Einladung	I'm afraid I am unable to come to your party for private reasons. Many thanks for your invitation, however
Ich habe Ihre Einladung erhalten. Vielen Dank nochmals. Leider kann ich zu dieser Veranstaltung nicht kommen, da ich mich im März im Ausland aufhalte	Thank you very much for your invitation. Unfortunately I am unable to come to this event as I will be abroad in March
Ich habe mich sehr über die freundliche Einladung gefreut. Aus beruflichen Gründen kann ich leider nicht an der Feierlichkeit teilnehmen. Trotzdem vielen Dank	I was delighted to receive your kind invitation. Unfortunately, I will be unable to come to the party for professional reasons. Many thanks all the same
Leider stehe ich Ihnen im März nicht zur Verfügung. Bitte lassen Sie mir einen anderen Termin zukommen	Unfortunately, I will be unavailable in March. Please propose another date.

1.22 Protokoll

Protokoll der Sitzung vom 4. April 1998	Minutes of meeting on 4th April 1998
Teilnehmer der Sitzung vom 2. Oktober 1998: Herr Müller, Herr Wider	Participants in meeting on 2nd October 1998: Mr. Müller, Mr. Wider

Anwesende der Besprechung vom 2.2. waren: Herr Meier (von 10.00 – 12.00), Herr Müller, Frau Schmidt, nicht anwesend: Frau Trohl (entschuldigt)	Mr. Meier (from 10.00 to 12.00), Mr. Müller, Ms. Schmidt were present at the meeting on 2nd February. Ms. Trohl was not present (excused)
Protokoll. Über: Personal; Am: 2.1.1998; Ort: Konferenzzimmer; Beginn: 10.00 Uhr, Ende: 14.00 Uhr; Anwesende: Frau Schlickling, Frau Bette, Herr Troll; Tagesordnung:	Minutes about: personnel; on: 2.1.1998; place: Conference Room; start: 10.00 a.m., finish: 2 p.m., present: Mrs. Schlickling, Ms. Bette, Mr. Troll; agenda:
Zu Punkt 1 der Tagesordnung:	Re point 1 of the agenda:
Unterschrift Protokollführer:/ für die Richtigkeit:/geschrieben von:	Signature keeper of the minutes:/Certified correct:/ written by:
Als erster Tagesordnungspunkt wurde das Thema »Arbeitsplatzabbau« behandelt	The first point of the agenda to be discussed the question of job reduction
Zum Tagesordnungspunkt 1 äußerte sich Herr Friedel wie folgt:	Mr. Friedel contributed the following to agenda point 1:
Der Tagesordnungspunkt 3 »Abbau der Linie 7« wird bei der nächsten Sitzung am 10. August 1998 besprochen	Agenda point 3, "Dismantling of Line 7", will be discussed in the next meeting on 10th August 1998
Ergebnis: Alle Teilnehmer waren einverstanden	Result: all participants were agreed
Sonstiges: Zum Tagesordnungspunkt 8 wird es ein gesondertes vertrauliches Protokoll geben. Protokollführer: Herr Geschäftsführer Wilhelm Lauter	Miscellaneous: There will be special confidential minutes on agenda point 8. Keeper of the minutes: Mr. Wilhelm Lauter, Manager
Auf eine Besprechung zu Tagesordnungspunkt 8 wurde mangels Aktualität verzichtet	Agenda point 8 was not discussed due to lack of urgency

Nächste Sitzung: am 22. September 1998	Next meeting: on 22nd September 1998
Herr Funk schlug vor, die nächste Sitzung in den Räumen der Firma Müller abzuhalten. Alle Teilnehmer stimmten zu	Mr. Funk suggested that the next meeting take place at the premises of the Müller company. All participants agreed
Nach Abstimmung durch Handzeichen wurde der Vorschlag einstimmig angenommen	The suggestion was unanimously accepted after voting by show of hands
Die Vorschläge werden umgesetzt	The suggestions will be put into action

1.23 Technische Begriffe im Sekretariat

Alle Geräte sind außer Betrieb	All the equipment is out of order
Das Faxgerät ist zur Zeit nicht funktionstüchtig	The fax machine is not working at the moment
Sind Ihre Geräte mit unseren kompatibel?	Is your equipment compatible with ours?
Haben Sie ausreichend Folien dabei?	Do you have enough foils?
Haben wir die Möglichkeit, Dias zu präsentieren?	Will we be able to show slides?
Bitte sorgen Sie für die Bereitstellung eines Overheadprojektors	Please make sure that an overhead projector is provided
Wegen eines Übertragungsfehlers ist das Fax nur unvollständig angekommen	Due to a transmission fault, the fax arrived incomplete
Das Gerät ist defekt. Daher die schlechte Druckqualität	The unit is broken and therefore the print quality is bad
Die Übertragung war unvollständig	The transmission was incomplete

Ich kann Sie akustisch nicht verstehen	I can't hear you
Bitte schicken Sie einen Monteur	Please send a technician
Wir benötigen umgehend einen Elektriker	We need an electrician immediately
Die Maschinen müssen gewartet werden	The machines must be serviced
Der Computer ist abgestürzt	The computer has crashed
Die Verbindung zum Zentralcomputer wurde unterbrochen	The link to the central computer is down
Der Stecker war herausgezogen	The plug had been pulled out
Leider sind alle Daten verloren	All the data has been lost
Das Faxgerät hatte kein Papier mehr. Ich habe nachgefüllt. Bitte versuchen Sie es noch einmal	The fax machine had run out of paper. I have refilled it. Please try again
Die Datei ist nur unvollständig vorhanden	The file has data missing
Wir brauchen noch eine Verlängerungsschnur	We need an extension lead
Bitte versuchen Sie es über eine andere Leitung	Please try on another line

2 Allgemeine Korrespondenz: Musterbriefe

Auf den folgenden Seiten finden Sie einen Original-Geschäftsbrief und ein Original-Fax, jeweils mit englischer Übersetzung. Aus ihnen können Sie ersehen, wie die Schreiben formal gestaltet werden. In den sich anschließenden Musterbriefen wurde dann der Briefkopf (also Absender, Empfänger und Datum) weggelassen.

Obwohl der englische Brief keiner direkten Norm (so wie bei uns die DIN 5008) unterworfen ist, empfiehlt es sich, die kleinen »ungeschriebenen Gesetze« einzuhalten:

- Bei der Adresse in jedem Fall auf die genauen Angaben achten (in England werden manchmal auch die Namen von Häusern erwähnt, zum Beispiel »yellow house« o. ä.).
- Bei der Anrede kann man problemlos den Herrn vor der Dame nennen.
- Reden Sie sehr gute Geschäftspartner und (Ihnen freundlich gesinnte) Gleichgestellte ruhig mit Vornamen an, das ist durchaus üblich in England und den USA.
- Die Anrede muss in jedem Fall zum Gruß passen (siehe auch Seite 15).
- Verwenden Sie im Zweifelsfalle bei englischen Briefe lieber einmal zu viel die Worte »Sorry, pardon, excuse me«, als zu wenig. Engländer legen meist großen Wert auf Höflichkeit in der Schriftform, selbst bei Mahnungen.
- Schreiben Sie Abkürzungen wie i. A. oder i.V. sicherheitshalber in Klammern, so vermeiden Sie Missverständnisse (zum Beispiel sieht man gelegentlich Schreiben aus England, die mit »i. A. Peter Müller« adressiert sind).
- Faxe können Sie ohne Umstände kürzer und weniger formell halten als Briefe; das gleiche gilt natürlich für E-Mails.
- Nummerieren Sie die Seiten durch.

Institut für onkologische und immunologische Forschung

Institut für onkologische und immunologische Forschung
Hardenbergstr. 19 · D-10623 Berlin

PharmCom Direct
Kundendienst
65 Cannon Street

LONDON, EC 3 Y

Großbritannien

PD Dr. med. Robert W. Gorter, Institutsleiter
Hardenbergstr. 19
10623 Berlin
Deutschland

Telefon   030/ 31 57 44-0
Telefax   030/ 31 57 4444
email robertgorter@compuserve.com

Berlin, 23.11.98

Ihre Lieferung vom 21.11.98

Sehr geehrte Damen und Herren,

Vielen Dank für Ihre Lieferung von 100 Mustern Ihres Artikels "Skill-Glass" vom 21.11.98

Nach dem Öffnen der Kiste – die äußerlich keine Schäden aufwies – mussten wir feststellen, dass 21 Muster zerbrochen waren.

Wir senden Ihnen diese Muster zur Untersuchung.

Bitte senden Sie uns sobald wie möglich Ersatz.

Im Voraus vielen Dank,

Paul Schneider

Paul Schneider

Institut für onkologische und immunologische Forschung

Institut für onkologische und immunologische Forschung
Hardenbergstr. 19 · D-10623 Berlin

PD Dr. med. Robert W. Gorter, Institutsleiter
Hardenbergstr. 19
10623 Berlin
Deutschland

Telefon   030/ 31 57 44-0
Telefax   030/ 31 57 4444
email robertgorter@compuserve.com

PharmCom Direct
Customer Service
65 Cannon Street

LONDON, EC 3 Y

Great Britain

Berlin, 23.11.98

Ref.:   **Your delivery of 21ˢᵗ November 1998**

Dear Madam, dear Sir,

Thank you for your delivery of 100 samples of your article "Skill-Glass" of 21ˢᵗ November.

Upon opening the case which showed no damages from the outside, we discovered that 21 samples were broken.

We are returning these goods for your inspection.

Please send us replacements for these samples as soon as possible.

Thanking you in advance,

Paul Schneider

NOVEDIA
media solutions

Hardenbergstr. 19, 10623 Berlin
Tel.-Nr.: ++49 (0 30) 31 18 89-0
Fax-Nr.: ++49 (0 30) 31 18 89-19

An:	Manfred Müller	**Von:**	Julian Kroll
Firma:	LogCom GmbH	**Abteilung:**	Marketing
Fax:	(0 30) 22 12 18-18	**Telefon:**	31 18 89-0
Datum:	14. Januar 1998	**Seiten (gesamt):**	8

Sehr geehrter Herr Müller,

wir freuen uns über Ihr Interesse an unserem Unternehmen.

Wir haben Ihnen zu Ihrer Information eine Kopie des Prospektes unserer Firma beigelegt, aus dem Sie unser Leistungsspektrum ersehen können.

Für weitere Informationen steht Ihnen Herr Kittler unter der Tel.-Nr. 31 18 89-10 gerne zur Verfügung.

Mit freundlichen Grüßen

NOVEDIA

Julian Kroll

Julian Kroll
Marketing

NOVEDIA
media solutions

Hardenbergstr. 19, 10623 Berlin
Tel. no.: ++49 (0 30) 31 18 89-0
Fax no.: ++49 (0 30) 31 18 89-19

Fax

To:	Manfred Müller	From:	Julian Kroll
Company:	LogCom GmbH	**Department:**	Marketing
Fax no.:	(0 30) 22 12 18-18	**Tel. no.:**	31 18 89-0
Date:	14th January 1998	**Pages** (including cover sheet):	8

Dear Mr. Müller,

Thank you for your interest in our company.

Attached you will find a copy of our company's brochure which shows our range of services.

Mr. Kittler (31 18 89-10) would be glad to provide any further information you may require.

Yours sincerely,

NOVEDIA

Julian Kroll

Julian Kroll
Marketing

If you have trouble receiving this fax please ring (0 30) 31 18 89-0 or send this fax to (0 30) 31 18 89-19. **Thank you!**

2.1 *Versand von Dokumenten*

Unser Telefonat am 06.03.98

Sehr geehrter Herr Goodwich,

in der Anlage erhalten Sie, wie am 06.03.98 telefonisch besprochen, die gewünschten Dokumente.

Wir möchten Sie nochmals daran erinnern, dass es sich hier um streng vertrauliche Unterlagen handelt und dass das Kopieren und die Weitergabe an Dritte streng untersagt ist.

Mit freundlichen Grüßen

Huthermann & Co. KG

i. A. Nina Jung

Nina Jung

Anlage

Re: Our telephone conversation of 06. March 1998

Dear Mr. Goodwich,

Please find enclosed the documents you required, as discussed on 06. March 1998.

We would like to remind you that these documents are highly confidential and copying or distributing them to third persons is strictly prohibited.

Yours sincerely,

Huthermann & Co. KG

Nina Jung

p.p. Friedrich Hauser

Encl.

2.2 Kostenvoranschlag

Bitte um Kostenvoranschlag
Reparatur eines Baukrans

Sehr geehrte Damen und Herren,

unser Kran, Fabrikat Müller & Söhne, Herstelljahr 1987, weist verschiedene Defekte auf. Unter anderem ist der Hebearm nicht mehr im vollen Umfang belastbar. Ferner treten Geräusche beim Absenken der Transportteile auf.

Wir würden uns sehr freuen, wenn Sie uns baldmöglichst einen Techniker vorbeischicken könnten, der die Anlage begutachtet und einen Kostenvoranschlag machen kann.

Bitte setzen Sie sich zur Terminabsprache mit unserer Frau Schmidt, Durchwahl 17, in Verbindung. Ferner interessieren wir uns sehr für Ihre neue Preisliste 1998 und bitten um Zusendung.

Für Ihre Bemühungen freundlichsten Dank im Voraus,

Peter Petersen
ERDBAU AG

i. A. Ingrid Gerlich

Ingrid Gerlich
für Peter Petersen (nach Diktat verreist)

Re: Request for estimate
Repairs to a crane

Dear Sir/Madam,

Our crane, made by Müller & Söhne in 1987, has various faults.
The lifting arm cannot be used to its full capacity and there are
also noises when the transport parts are lowered.

We would be very grateful if you could send a technician to us as
soon as possible to inspect the equipment and make an estimate.

Please contact Ms. Schmidt on extension 17 to make an appointment. We are also interested in your new price list for 1998 and
request that you send us one.

Thanking you in advance for your trouble,

Yours faithfully,

Peter Petersen
ERDBAU AG

Ingrid Gerlich

Ingrid Gerlich
for Peter Petersen (away after dictation)

2.3 Anfrage Personalabteilung/ Stellengesuch

Anfrage nach einem eventuell freien Arbeitsplatz in der Betriebstechnik

Sehr geehrte Damen und Herren der Personalabteilung,

ich bitte Sie, mir mitzuteilen, ob die Stelle eines Einrichters in Ihrer Abteilung Betriebstechnik demnächst vakant wird.

Sollte dies der Fall sein, würde ich Ihnen gerne meine vollständigen Unterlagen zur Verfügung stellen.

Für Ihre Mühe danke ich Ihnen im Voraus.

Mit freundlichen Grüßen

Wolfgang Eck

Wolfgang Eck

2.4 Absage Stellengesuch

Ihre Anfrage nach einem vakanten Arbeitsplatz in der Betriebstechnik

Sehr geehrter Herr Eck,

nach gründlicher Prüfung des Personalbedarfs in unserem Hause müssen wir Ihnen leider mitteilen, dass wir eine Stelle, die Ihrer Qualifikation entspricht, nicht zu vergeben haben.

Wir wünschen Ihnen an anderer Stelle mehr Erfolg.

Mit freundlichen Grüßen

Gertrud Schön

Gertrud Schön
Personalabteilung

Enquiry regarding a possible vacant situation in the Maintenance Department

Dear Sir/Madam,

I would be grateful if you could inform me whether a position as a fitter is likely to become vacant in the near future.

If this is the case, I would be delighted to send you a *curriculum vitae*.

Thanking you in advance for your trouble,

Yours faithfully,

Wolfgang Eck

Wolfgang Eck

Re: Your enquiry regarding a vacant position in the Maintenance Dept.

Dear Mr. Eck,

After a thorough review of personnel requirements in our company, we must unfortunately inform you that we have no position available which suits your qualifications.

We wish you every success in finding another position.

Yours sincerely,

Gertrud Schön

Gertrud Schön
Personnel Department

2.5 Bitte um Überprüfung

Bitte um Überprüfung des beigefügten Stoffmusters

Sehr geehrter Herr Kontrolleiter,

ich bitte Sie zu überprüfen, ob der beiliegende Stoff bei 30°C waschbar ist. Unsere Kunden haben sich bereits mehrfach über Farbveränderungen nach dem Waschen beklagt.

Für die baldige Bearbeitung wären wir Ihnen sehr dankbar.

Hochachtungsvoll

Textilhaus Chick & Chicker

i. V. Peter Petersen

Peter Petersen
Kundendienst

2.6 Bitte um Musterzusendung

Bitte um Zusendung weiterer Proben

Sehr geehrte Damen und Herren,

wir bitten um Zusendung weiterer Proben Ihres Präparates »Targo-FIT«. Ist es möglich, diesmal gleich 100 Packungen zu senden? Unsere Kundschaft ist sehr zufrieden mit diesem Artikel.

Vielen Dank für Ihre freundliche Unterstützung.

Mit freundlichen Grüßen

Tores

Dr. Thore Tores

Re: Request to examine the enclosed material sample

Dear Sir,

Please examine whether the attached material can be washed at 30°C. Our customers have complained on several occasions of colour changes after washing.

We would be grateful if you could deal with this matter at your earliest convenience.

Yours faithfully,

Textilhaus Chick & Chicker

(p.p.) Peter Petersen

Peter Petersen
Customer Services Department

Re: Request for further samples

Dear Sir/Madam,

Please send us further samples of your »Targo-FIT« preparation. Would it be possible for you to send us 100 packages this time? Our customers are very happy with this article.

Many thanks for your support.

Yours faithfully,

Tores

Dr. Thore Tores

2.7 Terminvereinbarung

Einrichtung unserer neuen Filiale in Berlin-Wedding

Sehr geehrter Herr Möller,

im März dieses Jahres wollen wir eine weitere Filiale eröffnen.

Wir würden uns freuen, wenn Sie, wie bei einem Großteil unserer übrigen Filialen, wieder die Einrichtung des Salons übernehmen könnten.

Daher bitten wir Ihre Innenarchitekten zu einer Besichtigung der Räumlichkeiten in der Müllerstr. 12, 10555 Berlin-Wedding am
04.07.98
11.00 Uhr
Bitte informieren Sie uns rechtzeitig, falls Ihnen dieser Termin nicht zusagt.

Ihr Ansprechpartner ist Herr Wilfried Müller, Marketing-Abteilung.

Mit freundlichen Grüßen

Hans Knuth

Hans Knuth

Fitting of our new branch in Berlin-Wedding

Dear Mr. Möller,

It is our intention to open a new branch in March of this year.

We would be delighted if you could take responsibility for fitting out the salon, as you have done for the majority of our other branches.

We therefore request that your interior designers come to view the premises at Müllerstr. 12, 10555 Berlin-Wedding on
04.07.98
at 11.00 a.m.
Please let us know if this appointment is not convenient.

Your contact person is Mr. Wilfried Müller in the Marketing Department.

Yours sincerely,

Hans Knuth

Hans Knuth

2.8 Flugmitteilung

FAX-DECKBLATT	
Empfänger	Mrs. Dudee
Fax-Nr. Empfänger	+33 (1) 88 22 11
Absender	Müller & Co., Erika Erpel
Abteilung	Einkauf
Fax-Nr. Absender	+49 (30) 22 11 11
Tel.-Nr. Absender	+49 (30) 22 11 22
Datum	19.03.98
Anzahl Seiten (inkl. Deckblatt)	1

Mitteilung der Reisedaten für Herrn Wolfgang Müller

Sehr geehrte Frau Dudee,
für Herrn Müller habe ich folgende Vorbereitungen getroffen: Flug am 02.04.98 von Berlin TXL, Abflug 7:00 Uhr nach Paris CDG, Ankunft 9:15 Uhr mit Lufthansa 2211.

Vom 02.04.98 bis 04.04.98 habe ich ein Hotelzimmer gebucht im Hotel des Arts, Rue Pascalle 2. Herr Müller wird die Rechnung bei Abreise begleichen. Für den Rückflug ist der 04.04.98 eingeplant. Abflug von Paris CDG ab 19:00 Uhr, Ankunft 21:15 Uhr in Berlin THF mit Air France 221.

Ich bitte Sie, die Abholung von Herrn Müller am 02.04.98 vom Flughafen zum Hotel und am 04.04.98 zum Flughafen zu organisieren und mich entsprechend zu informieren.

Mit freundlichen Grüßen

Erpel

Erika Erpel

Bitte informieren Sie uns bei Fehlübertragung unter der Rufnummer (0 30) 33 44 0. Vielen Dank.

FAX COVER SHEET	
To:	Mrs. Dudee
Fax no.:	+33 (1) 88 22 11
From:	Müller & Co., Erika Erpel
Department:	Purchasing Department
Fax no.	+49 (30) 22 11 11
Tel no.	+49 (30) 22 11 22
Date	19.03.1998
Number of pages (including cover sheet)	1

Travel arrangements for Mr. Wolfgang Müller

Dear Ms. Dudee,
I have made the following arrangements for Mr. Müller:
flight on 2/4/98 from Berlin TXL, departure 07.00 to Paris CDG, arrival 09.15 with Lufthansa 2211.

I have booked a room in the Hotel des Arts, Rue Pascalle 2 from 2/4 to 4/4/98. Mr. Müller will pay the bill on departure. The return flight is planned for 4/4/98 from Paris CDG at 19.00, arrival 21.15 in Berlin THF with Air France 221.

Please arrange for Mr. Müller to be driven from the airport to the hotel on 2/4/98 and picked up from the airport on 4/4/98. I would be grateful for confirmation.

Best wishes,

Erpel

Erika Erpel

If you have any difficulty receiving this fax, please contact us on (0 30) 33 44 0.

2.9 Bestellung/Lieferung

Ihre Bestellung vom 10. Mai 1998
Best.-Nr. 221188

Sehr geehrte Frau Kaase,

vielen Dank für Ihre Bestellung. Wir werden Ihren Auftrag umgehend bearbeiten. Die Auslieferung erfolgt voraussichtlich Mitte Juni d. J. Wir werden Ihnen schriftlich den genauen Termin mitteilen.

Mit freundlichen Grüßen

Fuchs

F. Fuchs

2.10 Bestellung

Bestellung einer TV-Anlage
Bestell-Nr. 223344, Artikel-Nr. 550

Sehr geehrte Damen und Herren,

ich bestelle die in Ihrem Prospekt auf Seite 17 beschriebene TV-Anlage »TV-WATCH« zum baldmöglichsten Zeitpunkt.

Ich bitte Sie, mir den Eingang dieser Bestellung schriftlich zu bestätigen und mich über den Liefertermin so bald wie möglich zu informieren.

Im Voraus vielen Dank für die schnelle Bearbeitung.

Mit den besten Grüßen

Müller

E. Müller

Anlage: Prospektseite 17

Re: Your order of 10th May 1998
Order no. 221188

Dear Ms. Kaase,

Thank you very much for your order, which will be processed immediately. We estimate that delivery will take place in the middle of June. We will notify you of the exact date in writing.

Yours sincerely,

Fuchs

F. Fuchs

Re: Order for a television
Order no. 223344, article no. 550

Dear Sir/Madam,

I hereby wish to order the »TV-WATCH« television described on pa 17 of your catalogue. Please deliver as soon as possible.

I would be grateful if you could confirm receipt of this order in writing and notify me of the delivery date as soon as possible.

Many thanks in advance for processing this order at your earliest convenience.

Best wishes,

Müller

E. Müller

Encl.: pa 17 of your catalogue

2.11 Mitteilen des Lieferdatums

Ihre Bestellung vom 19.2.98
Mitteilung des Liefertermins

Sehr geehrte Frau Müller,

wir können Ihnen die bestellte TV-Anlage zusenden. Wir werden sie am 04.03.98 an Ihre Anschrift Müllerstr. 12 in 10555 Berlin in der Zeit von 08:00 bis 16:00 Uhr ausliefern.

Bitte richten Sie es ein, dass Sie oder eine bevollmächtigte Person zur Annahme der TV-Anlage zur Verfügung stehen. Bitte halten Sie auch bei Barzahlung den Betrag in Höhe von

670.– DM zzgl. 15 % MwSt., Versandkostenanteil, Verpackung
= 785,50 DM

bereit oder informieren Sie uns, falls Sie wünschen, den Betrag zu überweisen.

Falls Ihnen der o. g. Termin nicht zusagt, informieren Sie uns bitte umgehend, damit wir einen neuen Termin vereinbaren können.

Mit freundlichen Grüßen

i. A. Erpel

Erika Erpel

Re: Your order of 19. February 98
Delivery date

Dear Ms. Müller,

We would be glad to send you the television you ordered. We will deliver it to your address – Müllerstr. 12 in 10555 Berlin – between 8 a.m. and 4 p.m. on 4. March 98.

Please arrange for either yourself or an authorised person to be available to take delivery of the television. If you wish to pay in cash, please have

670 DM, plus 15 % VAT, and shipping costs and packaging
= 785.50 DM

ready, or inform us if you wish to pay by cheque.

If the above date is not convenient, please let us know as soon as possible so that we can arrange a new one.

Yours sincerely,

Erpel

p.p. Mario Öerstedt

2.12 Rechnung

Rechnung
Ihre Bestellung vom 10.12.96, TV-Anlage, Lieferung am 04.03.98

Anzahl	Bestell-Nr.	Artikel-Nr.	Art	Einzelpreis
1	223344	550	»TV-WATCH«	670,00 DM
		MwSt. 15 %		100,50 DM
		Verpackung		5,00 DM
		Versandanteil		10,00 DM
		Gesamtpreis		785,50 DM

Wie mit Ihnen am 27.02.98 telefonisch besprochen, bitten wir um Überweisung auf unser u. a. Konto bei der Berliner Sparkasse.

Für Ihre Bestellung danken wir Ihnen nochmals herzlich und hoffen, Sie werden an Ihrer TV-WATCH-Anlage lange Freude haben.

Mit freundlichen Grüßen

Technotinte GmbH

Hanne

F. Hanne

Invoice
Your order of 10.12.96, television, delivery on 04.03.98

Number	Order no.	Article no.	Article	Price
1	223344	550	»TV-WATCH«	670.00 DM
		VAT 15 %		100.50 DM
		Packaging		5.00 DM
		Shipping costs		10.00 DM
		Total		785.50 DM

As discussed on 27.02.98 during our telephone conversation, please make your cheque payable to the account stated below at Berliner Sparkasse.

Thank you for your order and we wish you many hours of happy viewing with your TV-WATCH television.

Yours sincerely,

Technotinte GmbH

Hanne

F. Hanne

2.13 Mahnung

1. Mahnung
Ihre Bestellung vom 23.02.98, TV-Anlage, Lieferung am 04.03.98

Sehr geehrte Frau Müller,

am 04.03.98 lieferten wir Ihnen termingerecht die bestellte TV-Anlage. Leider ist die Überweisung auf unser u. a. Konto bei der Berliner Sparkasse noch immer nicht erfolgt.

Wir bitten Sie daher, die Zahlung in Höhe von 785,50 DM bis spätestens 25. April 1998 nachzuholen.

Hochachtungsvoll

Technotinte GmbH

Hanne

F. Hanne
Rechnungswesen

Re: 1st reminder
Your order of 23.02.98, television, delivery on 4.3.98

Dear Ms. Müller,

On 4th March 1998 we delivered the television which you ordered as requested. Unfortunately, your cheque has yet to arrive at the account given below at Berliner Sparkasse.

We therefore request that you make the payment of 785.50 DM by 25th April 1998 at the latest.

Yours sincerely,

Technotinte GmbH

Hanne

F. Hanne
Accounts Department

2.14 Vollmachten

2.14.1 Abholen von Dokumenten
Vollmacht

Ich, Harald Karbunkel, bevollmächtige meinen Mitarbeiter, Herrn Fritz Müller, geb. am 10.07.50, folgende Dokumente abzuholen:

Patentbestätigung vom 07.12.96
Berechtigung vom 09.12.96

Eisenwarenfabrik Karbunkel

Karbunkel

Harald Karbunkel

2.14.2 Vollmacht zur Anmeldung
Erlaubnis

Wir erlauben unserer Mitarbeiterin, Frau Gisela Knechtel, geb. 30.03.40, wohnhaft Müllerstr. 10, 13353 Berlin, im Namen unserer Firma alle Fahrzeuge anzumelden.

Lurrig Automobile
Verkaufsleiter

ppa. Fritz

Werner Fritz

Power of attorney

I, Harald Karbunkel, invest my employee, Mr. Fritz Müller, born on 10.07.50, with the power of attorney to take receipt of the following documents:

Patent confirmation of 7.12.96
Authorisation of 9.12.96

Eisenwarenfabrik Karbunkel

Karbunkel

Harald Karbunkel

Authorisation

We hereby authorise our employee, Ms. Gisela Knechtel, born on 30.03.40, resident at Müllerstr. 10, 13353 Berlin, to register all vehicles in the name of our company.

Lurrig Automobile
Sales Manager

(ppa.) Fritz

Werner Fritz

2.15 Glückwunschschreiben

GEBURTSTAG

Sehr geehrter Herr Schmidt,

zu Ihrem 50. Geburtstag herzlichen Glückwunsch. Auf dass Sie weiterhin so gesund und munter bleiben!

Wir wünschen Ihnen alles, alles Gute

– Der Betriebsrat –

GEBURT

Liebe Frau Müller, lieber Herr Müller,

zur Geburt Ihrer Tochter die allerbesten Glückwünsche.

Wir wünschen dem kleinen Erdenbürger eine gesunde und glückliche Zukunft. Für das erste Sparschwein erhalten Sie einen Scheck in Höhe von 100,– DM.

Mit den besten Grüßen

– Personalabteilung –

UMZUG

Zum Bezug der neuen Geschäftsräume gratulieren wir ganz herzlich.

Wir wünschen Ihnen viel Erfolg.

Auf weiterhin gute Zusammenarbeit –
Müller & Co. KG

BIRTHDAY

Dear Mr. Schmidt,

Many happy returns on your 50th birthday. Wishing you continued good health and happiness.

All the very best,

– The Works Council–

BIRTH

Dear Mr. and Mrs. Müller,

Hearty congratulations on the birth of your daughter.

We wish your daughter health and happiness for the future. We have collected 100 DM for her first piggy bank.

Best wishes

– Personnel Department –

NEW PREMISES

Congratulations on your move to the new business premises. We wish you every possible success and hope that our business relationship continues to be as rewarding as in the part.

Müller & Co. KG

2.16 Hotel

2.16.1 Bestätigung
Hotelbestätigung

Sehr geehrte Damen und Herren,

ich bestätige hiermit, für Herrn Walter Schmidt in der Zeit vom 10. bis
13. März ein Einzelzimmer im

Jagdhotel Windelfingener Hof
Windelfingenstr. 10
70044 Windelfingen

gebucht zu haben. Das Hotel hat die Reservierung als garantierte
Buchung aufgenommen, einer etwaigen Spätanreise steht also nichts
im Wege. Der Preis für ein Einzelzimmer beinhaltet ein Frühstücksbuffet
und beträgt 210,– DM/Nacht. Falls Herr Schmidt einen Wageneinstell-
platz benötigt, bitte ich um kurze telefonische Nachricht.

Mit freundlichen Grüßen

Melanie Fricker

Melanie Fricker

Re: Confirmation of booking

Dear Sir/Madam,

I hereby confirm that a single room has been booked for Mr. Walter Schmidt from 10th to 13th March at the

Jagdhotel Windelfingener Hof
Windelfingenstr. 10
70044 Windelfingen

The hotel made the reservation as a guaranteed booking, which means that if Mr. Schmidt arrives late, no problem will ensue. The price of 210 DM/night for a single room includes a breakfast buffet. If Mr. Schmidt requires garage parking, please inform us by telephone.

Yours sincerely,

Melanie Fricker

Melanie Fricker

2.16.2 Reservierung
Reservierung eines Einzelzimmers

Sehr geehrte Damen und Herren,

ich bitte um Reservierung eines Einzelzimmers für

Herrn Walter Schmidt
in der Zeit vom 10. bis 11. März d. J.

Bitte nehmen Sie diese Reservierung als garantierte Buchung auf,
Herr Schmidt wird erst nach 22.00 Uhr anreisen. Die Rechnung wird
von unserem Haus übernommen.

Bitte senden Sie die Rechnung daher an die folgende Anschrift:

Müller & Müller, Rechtsanwälte, Müllerstr. 10, 13353 Berlin

Mit freundlichem Dank

Melanie Fricker

Melanie Fricker

Reservation for a single room

Dear Sir/Madam,

I would like to reserve a single room for

Mr. Walter Schmidt
from 10th to 11th March of this year.

Please make this reservation as a guaranteed booking as Mr. Schmidt will not arrive until after 10.00 p.m. The bill will be paid by our company.

Please send it to the following address:

Müller & Müller, Rechtsanwälte, Müllerstr. 10, 13353 Berlin, GERMANY

Many thanks,

Melanie Fricker

Melanie Fricker

2.16.3 Allgemeine Anfrage
Ihre Anfrage

Sehr geehrte Damen und Herren,

vielen Dank für Ihre Anfrage. Wir senden Ihnen in der Anlage einen Auszug aus unserer Preisliste.

Mit freundlichen Grüßen

Belinda Better

B. Better

Anlage

2.16.4 Informationseinholung
Sehr geehrte Damen und Herren,

ich schreibe Ihnen, um Sie zu bitten, mir nähere Informationen zu Übernachtungsmöglichkeiten in Sheffield zukommen zu lassen.

Ich würde mich sehr freuen, wenn Sie mir detaillierte Angaben zu preiswerten Hotels und Pensionen in oder bei Sheffield und eine Umgebungskarte zusenden könnten.

In der Hoffnung, bald von Ihnen zu hören,

mit freundlichen Grüßen

David Protter

David Protter

Re: Your enquiry

Dear Sir/Madam,

Many thanks for your enquiry. Please find enclosed part of our price-list.

Yours faithfully

B. Better

Belinda Better

Encl.

Dear Sir or Madam,

I am writing to ask about holiday accommodation in the Sheffield area.

I would be very grateful if you could send me details of low-cost hotels and bed and breakfast accommodation in or near Sheffield, together with a map of the area.

I look forward to hearing from you soon.

Yours faithfully

David Protter

David Protter

2.17 Formulare im Sekretariat

2.17.1 Faxdeckblatt *(siehe auch Seite 58/59)*

Tiefenbrunn & Co. KG
Spandauer Damm. 10
13353 Berlin
Tel. (0 30) 33 44 55   Fax. (0 30) 33 44 56

Empfänger	
Fax-Nr. Empfänger	
Absender	
Abteilung	
Fax-Nr. Absender	
Tel.-Nr. Absender	
Datum	
Anzahl der folgenden Seiten	
Anzahl Seiten (inklusive Deckblatt)	

Bitte informieren Sie uns bei Fehlübertragung unter der Tel.-Nr. (0 30) 33 44-0. Vielen Dank.

Tiefenbrunn & Co. KG
Spandauer Damm. 10
13353 Berlin
Tel. (0 30) 33 44 55   Fax. (0 30) 33 44 56

To:	
Fax no.	
From:	
Department	
Fax no.	
Tel. no.	
Date	
No. of following pages	
No. of pages (including cover sheet)	

If you have trouble receiving this fax, please ring
(0 30) 33 44-0.

2.17.2 Mitteilungsformulare

Müller & Co. KG Müllerstr. 10 13353 Berlin Tel. (0 30) 33 44 55 Fax. (0 30) 33 44 56	Datum: 15. April 1998 Betreff: Rechnung Nr. 17755 Beiliegend erhalten Sie ...

Mit der Bitte um

☐ Kenntnisnahme
☐ Rückgabe nach Kenntnisnahme
☐ schriftliche Stellungnahme
☐ Erledigung/Zahlung
☐ Telefonanruf
☐ Rücksprache nach vorheriger
    Terminvereinbarung
☐ Unterzeichnung und Rückgabe

Herrn
Peter Schmidt
Margaretenstr. 10

10555 Berlin

2.17.3 Hauspost

Hauspost		
Von:	An:	Datum:
Abteilung/Zeichen:	Abteilung:	Betrifft:

Müller & Co. KG   Date: 15th April 1998
Müllerstr. 10   Re: Invoice no. 17755
13353 Berlin
Tel. (0 30) 33 44 55   Please find enclosed ...
Fax. (0 30) 33 44 56

                         Please

                         ☐ note
                         ☐ return after noting
Herrn   ☐ respond in writing
Peter Schmidt   ☐ process/pay
Margaretenstr. 10   ☐ telephone
                         ☐ respond after previous contact
10555 Berlin   ☐ sign and return

Internal Memo		
From:	To:	Date:
Dept./ref.:	Department:	Re:

2.17.4 Telefonnotiz

Für: ....   Eilig   ☐

Datum: ....   Zeit: ....

Notiz während Ihrer Abwesenheit

Teilnehmer: ....   Firma: ....

Tel.-Nr.: ....   Fax.-Nr.: ....

| Bittet um Termin   ☐ | Bittet um Anruf   ☐ |
| | Ruft nochmal an   ☐ |

Nachricht: _____

_____

_____

_____

_____

_____

_____

_____

_____   _____

Unterschrift   Datum

For: .... Urgent ☐

Date: .... Time: ....

DURING YOUR ABSENCE

Participant: .... Company: ....

Tel. no.: .... Fax. no.: ....

Wanted to make ☐ an appointment	Please call ☐ Will call again ☐

Message: _____

_____

_____

_____

_____

_____

_____

_____   _____
Signature   Date

2.18 Einladung

Einladung
Eröffnung unserer neuen Ausstellungsräume

Sehr geehrter Herr Jung,

zur Eröffnung unserer neuen Ausstellungsräume in Berlin-Wedding möchten wir Sie ganz herzlich einladen.

Die Feier wird im Kreise unserer Freunde und Geschäftspartner stattfinden. Wir würden uns daher sehr freuen, auch Sie am

Samstag, 17. August 1998
ab 11.00 Uhr
in unseren Räumen in der Pankstr. 10, 13353 Berlin

begrüßen zu dürfen. Für Ihre leibliches Wohl wird bestens gesorgt sein. Wir freuen uns auf Ihr Kommen.

Mit den besten Grüßen

W. H. Friedrich

Wilhelm Hans Friedrich

Invitation
Opening of our new premises

Dear Mr. Jung,

We would like to cordially to invite you the opening of our new premises in Berlin/Wedding.

The party will take place with our friends and business partners. We would be delighted to see you on

Saturday 17th August 1998
from 11.00 a.m. onwards
on our premises in Pankstr. 10, 13353 Berlin

Refreshments will be provided. We look forward to seeing you.

Best wishes,

W. H. Friedrich

Wilhelm Hans Friedrich

3 Informationen und Tipps

3.1 Deutsches Buchstabieralphabet

Im Deutschen verwendet man dieses Buchstabieralphabet:

A	Anton	J	Julius	Sch	Schule
Ä	Ärger	K	Kaufmann	T	Theodor
B	Berta	L	Ludwig	U	Ulrich
C	Cäsar	M	Martha	Ü	Übermut
CH	Charlotte	N	Nordpol	V	Victor
D	Dora	O	Otto	W	Wilhelm
E	Emil	Ö	Ökonom	X	Xanthippe
F	Friedrich	P	Paula	Y	Ypsilon
G	Gustav	Q	Quelle	Z	Zacharias
H	Heinrich	R	Richard		
I	Ida	S	Samuel		

3.2 Internationales Buchstabieralphabet

Für die fremdsprachliche Buchstabierung von Wörtern empfiehlt sich das internationale Buchstabieralphabet:

A	Amsterdam	J	Jerusalem	S	Santiago
B	Baltimore	K	Kilogramme	T	Tripoli
C	Casablanca	L	Liverpool	U	Upsala
D	Danmark	M	Madagaskar	V	Valencia
E	Edison	N	New York	W	Washington
F	Florida	O	Oslo	X	Xanthippe
G	Gallipoli	P	Paris	Y	Yokohama
H	Havana	Q	Quebec	Z	Zürich
I	Italia	R	Roma		

3.3 Telefon

3.3.1 Auskunft

Nach der Auflösung des Telefonmonopols in Deutschland gibt es
keine Standardnummern mehr. Bitte informieren Sie sich bei den
diversen Anbietern.

3.3.2 Vorwahl-Nummern

Vorwahl für Deutschland ist international in der Regel die 0049.
Bei einem Auslandsgespräch ist bei der Ortsvorwahl die erste 0
wegzulassen. Beispiel:
0049/30 für Berlin
0049/89 für München etc.

Länder und Städte	Vorwahl
Belgien	0032
Antwerpen	0032/3
Brüssel	0032/2
Deutschland	0049
Berlin	0049/30
Hamburg	0049/40
Frankreich	0033
Paris	0033/1
Griechenland	0030
Athen	0030/1
Großbritannien	0044
London (innen)	0044/171
London (außen)	0044/181
Italien	0039
Rom	0039/6
Niederlande	0031
Amsterdam	0031/20
Den Haag	0031/70
Schweden	0046
Stockholm	0046/8
Österreich	0043
Wien	0043/1
Portugal	0 03 51
Lissabon	0 03 51/1

Länder und Städte	Vorwahl
Schweiz	0041
Bern	0041/31
Zürich	0041/1
Spanien	0034
Barcelona	0034/3
Madrid	0034/1
USA	001
New York	001/212
Washington DC	001/202

3.3.3 Ansagen der Telefon-Nummer

Es empfiehlt sich, jede Ziffer einzeln anzusagen, um Missverständnisse zu vermeiden. Ferner kann es hilfreich sein anzugeben, wofür die einzelnen Nummern stehen, also Ländervorwahl, Städtevorwahl, Firmen-Telefonnummer und Durchwahl mit anzusagen. Hier ein Beispiel:

> Please dial 0049 for Germany, 30 for Berlin, 33 22 for our company and 10 for Mr. Müller's extension.

3.4 Deutsche Bundesländer

Bundesland	Hauptstadt (englische Bezeichnung)
Baden-Württemberg	Stuttgart
Bayern	Munich
Berlin	Berlin

Bundesland	Hauptstadt
Brandenburg	Potsdam
Bremen	Bremen
Hamburg	Hamburg
Hessen	Wiesbaden
Mecklenburg-Vorpommern	Schwerin
Niedersachsen	Hanover
Nordrhein-Westfalen	Düsseldorf
Rheinland-Pfalz	Mainz
Saarland	Saarbrücken
Sachsen	Dresden
Sachsen-Anhalt	Magdeburg
Schleswig-Holstein	Kiel
Thüringen	Erfurt

3.5 US-amerikanische Bundesstaaten

Bundesstaat	Abkürzung	Hauptstadt
Alabama	Ala., AL	Montgomery
Alaska	Alas., AK	Juneau
Arizona	Ariz., AZ	Phoenix
Arkansas	Ark., AR	Little Rock
California (Kalifornien)	Calif., CA	Sacramento
Colorado	Colo., CO	Denver

Bundesstaat	Abkürzung	Hauptstadt
Connecticut	Conn., CT	Hartford
Delaware	Del., DE	Dover
District of Columbia	D. C., DC	Washington
Florida	Fla., FL	Tallahassee
Georgia	Ga., GA	Atlanta
Hawaii	Ha., HI	Honolulu
Idaho	Id., ID	Boise
Illinois	Ill., IL	Springfield
Indiana	Ind., IN	Indianapolis
Iowa	Ia., IA	Des Moines
Kansas	Kans., KS	Topeka
Kentucky	Ky., KY	Frankfort
Louisiana	La., LA	Baton Rouge
Maine	Me., ME	Augusta
Maryland	Md., MD	Annapolis
Massachusetts	Mass., MA	Boston
Michigan	Mich., MI	Lansing
Minnesota	Minn., MN	Saint Paul
Mississippi	Miss., MS	Jackson
Missouri	Mo., MO	Jefferson City
Montana	Mont., MT	Helena
Nebraska	Nebr., NE	Lincoln
Nevada	Nev., NV	Carson City
New Hampshire	N. H., NH	Concord

Bundesstaat	Abkürzung	Hauptstadt
New Jersey	N. J., NJ	Trenton
New Mexico	N. Mex., NM	Santa Fe
New York	N. Y., NY	Albany
North Carolina	N. C., NC	Raleigh
North Dakota	N. D., ND	Bismarck
Ohio	Oh., OH	Columbus
Oklahoma	Okla., OK	Oklahoma City
Oregon	Oreg., OR	Salem
Pennsylvania	Pa., PA	Harrisburg
Rhode Island	R. I., RI	Providence
South Carolina	S. C., SC	Columbia
South Dakota	S. D., SD	Pierre
Tennessee	Tenn., TN	Nashville-Davidson
Texas	Tex., TX	Austin
Utah	Ut., UT	Salt Lake City
Vermont	Vt., VT	Montpelier
Virginia	Va., VA	Richmond
Washington	Wash., WA	Olympia
West Virginia	W. VA., WV	Charleston
Wisconsin	Wis., WI	Madison
Wyoming	Wyo., WY	Cheyenne

3.6 Zeitzonen

Bitte beachten Sie die Zeitverschiebung bei Ferngesprächen. Grundsätzlich ist es von Europa aus gesehen in westlicher Richtung früher, in östlicher Richtung später als bei uns.

Bei Anrufen im Ausland ist auch zu bedenken, dass viele Angestellte erst ab ca. 9:00 Uhr im Büro zu erreichen sind.

Die folgende Tabelle erfasst nicht alle Staaten und nur den ungefähren Zeitunterschied zur Mitteleuropäischen Zeit (MEZ). Besonders in den USA und Teilen der GUS gibt es verschiedene Zeitzonen.

westlich						
Teile USA	Teile USA	Teile USA, Mexico, Teile Kanadas, Chicago	Teile USA, Teile Kanadas, New York, Philadelphia, Teile Brasiliens, Argentinien, Dominikanische Rep.	Südamerika, Teile Brasiliens, Argentinien, Teile Kanadas	West-Afrika	Portugal Irland, Großbritannien
– 12	– 10	– 8	– 6	– 4	– 2	– 1

		östlich						
ropa Ber oß- tan- n, ind, rtu- , e- en- d, kei, n- d, le ss- ds	Grie- chen- land, Türkei	Süd afrika, Ost- afrika, Teile Russ- lands, Mos- kau	Teile Russ- lands	Teile Chinas, Teile Russ- lands	Teile Chinas, Teile Austra- liens, Teile Russ- lands	Teile Russ- lands	Teile Russ- lands
	+ 1	+ 2	+ 4	+ 6	+ 8	+ 10	+ 12

3.7 Uhrzeit

In Briefen und Zeitplänen sollte man hinter der Uhrzeit die Tageszeit, also vormittags oder nachmittags angeben, da in vielen Ländern nur die 12stündliche Uhrzeitangabe üblich ist. Vormittags wird mit a.m. (*ante meridiem*), nachmittags wird mit p.m. (*post meridiem*) angegeben.

Die 24-stündliche Uhrzeitangabe ist im englischsprachigen Raum eher ungewöhnlich und wird in der Regel nur bei Flugdatenangaben, im polizeilichen und militärischen Sprachgebrauch verwendet.

Besonders wichtig ist der Unterschied im umgangssprachlichen Gebrauch von »halb zehn« und ähnlichen Angaben. Im Englischen ist es genau umgekehrt, die Uhrzeit 9.30 wird mit half nine angegeben (also halb neun, nicht halb zehn). Solche Angaben sind daher am besten zu vermeiden, gegebenenfalls ist nachzufragen. Hier nur einige wichtige Beispiele:

9:30 Uhr	half past nine, nine thirty (umgangssprachlich: half nine)
8:15 Uhr	(a) quarter past 8
10:00 Uhr	ten a.m.
19:00 Uhr	seven p.m.
22:00 Uhr	ten p.m.
09:50 Uhr	ten to ten, nine fifty
11:30 Uhr	half past eleven, eleven thirty (umgangssprachlich: half eleven)
07:45 Uhr	(a) quarter to eight, seven forty-five
09:05 Uhr	five past nine
14:10 Uhr	ten past two, two ten

3.8 Angabe des Datums

Im Brief als Kopf-Datum gibt es zwei gebräuchliche und verständliche Angaben (siehe unten).
Der Monat sollte möglichst immer ausgeschrieben werden. Wird das Datum rein numerisch geschrieben, kann es leicht zu Verwechslungen kommen (z. B. bei numerischer Angabe vom 10. Februar 1997 heißt es im Englischen 10/2/1997 im Amerikanischen dagegen 2/10/1997).

| 10. März 1997 | 10 March 1997 |
| | 10th March 1997 |

3.9 Monatsnamen

Alle Monate werden im Englischen groß geschrieben.

Januar	January
Februar	February
März	March
April	April
Mai	May
Juni	June
Juli	July
August	August
September	September
Oktober	October
November	November
Dezember	December

3.10 Wochentage

Alle Wochentage werden groß geschrieben:

Montag	Monday
Dienstag	Tuesday
Mittwoch	Wednesday
Donnerstag	Thursday
Freitag	Friday
Samstag	Saturday
Sonntag	Sunday

3.11 Einheiten

3.11.1 Temperaturen

In den USA ist es üblich, statt Grad Celsius die Angabe Grad Fahrenheit anzugeben. In Großbritannien benutzt man sowohl Fahrenheit als auch Celsius (»centigrade«). Zur Umrechnung von Fahrenheit nach Celsius kann man die Formel anwenden:
Fahrenheit (z. B. 100) minus 32 geteilt durch 1,8
z. B. 100 °F − 32 = 68 ÷ 1,8 = 37,77 °C

Celsius (centigrade)	Fahren-heit	Celsius (centigrade)	Fahren-heit	Celsius (centigrade)	Fahren-heit
100	212	26	78,8	6	42,8
40	104	24	75,2	4	39,2
38	100,4	22	71,6	2	35,6
37	98,6	20	68,0	0	32,0
36	96,8	18	64,4	−2	28,4
34	93,2	14	57,2	−4	24,8
32	89,6	12	53,6	−6	21,2
30	86,0	10	50,0	−8	17,6
28	82,4	8	46,4		

3.11.2 Maße

In den USA und in Großbritannien werden verschiedenste Maße verwendet. Nur einige Beispiele seien hier genannt:

Einheit	entspricht
Barrel	163,6 l
Bushel	36,35 l
Cubic foot	0,028 m³
Cubic inch	16,387 cm³
Cubic yard	0,76 m³

3.12 Zahlen

3.12.1 Ordnungszahlen

Während im Deutschen erstens, zweitens usw. als 1. und 2. (also mit einem Punkt nach der Zahl) gekennzeichnet sind, schreibt man im Englischen folgendes:

1.	1st	für first
2.	2nd	für second
3.	3rd	für third
4.	4th	für fourth
5.	5th	für fifth
6.	6th	für sixth
7.	7th	für seventh
8.	8th	für eighth
9.	9th	für ninth
10.	10th	für tenth
20.	20th	für twentieth
50.	50th	für fiftieth
100.	100th	für hundredth
101.	101st	für hundred and first
1000.	1000th	für thousandth
1001.	1001st	für thousand and first

3.12.2 Komma und Punkt bei Zahlen

Im britischen und amerikanischen Englisch wird statt unseres Kommas bei Zahlenangaben ein Punkt, statt unseres Punktes ein Komma geschrieben.

deutsch	englisch
100,00 kg	100.00 kg
25,129 g	25.129 g
29.002 DM	29,002 DM
1.000.000 FF	1,000,000 FF

3.13 Länderkennzeichen für den Postversand

3.13.1 Abkürzungen

Für den postalischen Versand ist mit den folgenden Ländern vereinbart, dass die Angabe der Abkürzung im Adressfeld ausreicht. Bei allen übrigen Ländern sollte man die Länderangabe ausschreiben (möglichst die englische Bezeichnung des Landes).

Belgien	B	Italien	I
Dänemark	DK	Luxemburg	L
Deutschland	D	Norwegen	N
Großbritannien	UK oder GB	Österreich	A
Finnland	SF	Portugal	P
Frankreich	F	Schweden	S
Island	IS	Schweiz	CH
		USA	USA/U.S.

3.13.2 Internationale Angaben

Im Folgenden die englischen Bezeichnungen für die wichtigsten Staaten.

Algerien	Algeria
Argentinien	Argentina
Australien	Australia
Belgien	Belgium
Brasilien	Brazil
China	China
Dänemark	Denmark
Deutschland	Germany
Finnland	Finland
Frankreich	France
Großbritannien	Great Britain
Indien	India
Irland	Ireland
Italien	Italy
Japan	Japan
Jugoslawien	Yugoslavia
Kanada	Canada
Korea	Korea
Mexiko	Mexico
Niederlande	the Netherlands
Norwegen	Norway
Österreich	Austria
Polen	Poland
Portugal	Portugal
Rumänien	Romania
Schweiz	Switzerland
Slowakei	the Slovak Republic
Spanien	Spain
Südafrika	South Africa
Tschechien	Czech Republic
Tunesien	Tunisia
Türkei	Turkey
Ungarn	Hungary
Vereinigte Staaten von Amerika	the United States of America

4 Vokabular (mit Querverweis)

Abendessen	dinner (S. 38)
Abflugzeit	departure time (S. 35)
abgeben (einen Mietwagen abgeben)	to return (S. 36)
abheben	to withdraw
abholen (einen Mietwagen ...)	to pick up, to collect (S. 36)
abholen (jemanden ...)	to pick someone up
abholen lassen	to arrange for somebody to be picked up
Ablage	file
ablegen (Mantel ...)	to take off (S. 31)
abnehmen (kann ich Ihnen etwas abnehmen)	to take something for somebody (S. 31, 32)
Abpackung	Packaging Department
Abreise	departure (S. 35, 59)
abreisen	to depart, leave
absagen (streichen)	to cancel (S. 18, 30)
Absender	sender
Abteilung	department
Abteilungsleiter	Head of Department
abwesend sein	to be absent
Abwesenheit	absence (S. 16, 83)
Adressat	addressee
allgemein	generally, in general
anbieten	to offer (offer one's services) (S. 31, 32)
Anfahrtsskizze	journey sketch
Anfrage	enquiry (S. 12, 13, 25, 53)
Angaben	information (S. 15)
Angebot	offer
Angelegenheit	matter, affair (S. 15, 20, 21)
angenehm	pleasant, agreeable (S. 33)

Angestellter	employee
Ankündigung	announcement, advertisement (Presse)
Ankunft	arrival (S. 19, 29, 35, 59)
Ankunftszeit	arrival time (S. 35)
Anlage	attachment, enclosure (S. 48)
anliegend	attached, enclosed, encl. (S. 18, 19, 55)
Anmeldebestätigung	confirmation of registration
Anmeldung	registration (S. 36)
Annahme	presumption
annehmen	to suppose, to presume
anreisen, ankommen	to arrive, travel (S. 20, 30, 40)
Anrufbeantworter	voice mail, answering machine (S. 28)
anrufen	to call (S. 28)
anrufen für (jemanden)	to call on behalf of somebody (S. 24)
Anschreiben	covering letter
anteilmäßig	proportionately
Antwort	answer, reply
antworten	to answer (S. 27)
anweisen (jemanden … etwas zu tun)	to instruct someone to do something
Anwesenheit	presence
anwesend sein	to be present (S. 39)
Anzahl	number
Anzahlung	deposit (S. 19)
Arbeiter	worker, workman
Arbeitsvorbereitung	operations scheduling
Art	nature, kind
Artikel-Nr.	article no.
Aschenbecher	ashtray (S. 32)
Aufenthalt	stay
aufhängen (einen Mantel …)	to hang up (S. 31)
aufhalten (sich … in Berlin)	to stay (in Berlin) (S. 33)

auflegen (oder einhängen) (Tel.)	to hang up, ring off
Auftrag	order (S. 12, 13, 60)
ausführen (bearbeiten)	to process, carry out (S. 13, 14, 17, 18, 60)
ausführlich	detailed, full (S. 13, 14)
Ausführung (des Auftrags)	carrying out, execution
ausfüllen (ein Formular ...)	to complete, fill in (a form)
ausgenommen	exempt
Ausländer	foreigner
Ausnahme	exemption
ausräumen (Fragen ausräumen)	to clarify (questions) (S. 15, 22)
ausrichten (eine Nachricht ausrichten)	to take (a message) (S. 24, 25, 27)
Außendienstmitarbeiter	sales representative
Außenstände	outstanding debts
außer Betrieb	out of order (S. 40)
außer Haus	not in (the office) (S. 26, 27)
Auszubildender	trainee
Automatikwagen	automatic car (S. 36)
Bahn	railway
bald	soon (S. 15)
baldig (baldige Anwort)	early (reply) (S. 14, 55, 61)
bar	in cash (S. 19, 29, 63)
Barzahlung	cash payment
Barzahlung bei Lieferung	cash on delivery (C.O.D.)
beanspruchen	to claim
Beanstandung	complaint
Bearbeitung	working, processing (S. 14, 61)
bedauern	to regret (S. 23)
bedeuten	to mean (S. 73)
Bedingung	term, condition (S. 18)
bedürfen	to need, require (S. 14, 16, 20)

beiliegend	enclosed, attached (S. 18, 19, 55)
beinhalten	to contain
Bekanntschaft	acquaintance
Bekanntschaft machen	to meet someone (S. 32)
belasten (Konto)	to charge (an account)
bemerken	to notice
Bemühungen	effort, trouble (S. 15, 51)
benötigen	to need, to require (S. 14, 16, 20)
Berater	consultant/advisor
berechtigt (sein)	to be entitled, authorised, legitimated (S. 17, 21)
bereit (erklären), einverstanden sein	to agree to (S. 39)
bereits	already (S. 13, 14, 55)
bereitstellen	to provide, make available (S. 36, 40)
beschädigt (sein)	to be damaged (S. 19)
beschäftigt (sein)	to be busy
Bescheinigung	attestation, certification (S. 22)
Beschreibung	description
beschrieben (wie ...)	as described (S. 21,61)
Beschwerde	complaint
besetzt (Telefon ist ...)	engaged/busy (S. 29)
besonders	especially, particularly
Besprechung	meeting, discussion (S. 26, 39)
Besprechungszimmer	meeting room, conference room
besprochen (wie ...)	(as) discussed (S. 13, 39)
bestätigen	to confirm (S. 13, 30, 36, 61, 70)
Bestätigungsschreiben	confirmation, letter of confirmation
Bestell-Nr.	order no.
bestellen	to order (S. 17, 61, 63)

Bestellung	order (S. 17, 60, 62, 64)
Betrag	amount, sum (S. 62)
Betriebsrat	Works Council
Betriebstechnik	Maintenance Department
beziehen auf	to refer to, to relate to (S. 14)
Bezug (auf…)	with reference to
bezüglich	with reference to, relating to, concerning, regarding (S. 12, 13, 14, 53)
Blindkopie	blind copy (S. 16)
Brief	letter, covering letter
Bruttoeinkommen	gross income
buchen	to book, reserve (S. 29, 35, 73, 75)
Buchhaltung	Accounts Department
buchstabieren	to spell (S. 26)
Buchung	booking, reservation
Bürozeiten	office hours
ca.	approx.
Chauffeur	driver, chauffeur
Chefsekretärin	executive secretary
d. h.	i. e.,
dankbar (sein)	to be grateful (S. 51, 77)
darf (ich Sie bitten, …)	may (I ask you …) (S. 24)
Darlehen	loan
Daten	data
Datenübertragung	data transfer
datiert	dated (S. 20)
Dauer	duration
defekt	defective (S. 50)
demnächst	shortly, soon
deutlich	clear (S. 25, 28)
Dienstreise	business trip
Diktat	dictation
diktiert	dictated (S. 16)
Diskette	diskette/floppy disc
Dokumente	documents (S. 48, 68)

Dolmetscher/Übersetzer	interpreter/translator
Doppelzimmer	double room (S. 30)
dringend	urgent (S. 24)
Drucker	printer
durchstellen (jemanden ...)	to put someone through, to connect someone, to forward (S. 24,26, 27, 29)
Durchwahl	extension (S. 24)
Durst	thirst
E-Mail	e-mail
EDV	EDP (electronic data processing)
eigenhändig	personally
Eigentum	property, ownership (S. 19)
Eilzustellung	special delivery
einchecken	to check in (S. 35)
Eingangsstempel	date stamp
eingeschrieben	registered
Einheitspreis	standard price
Einkaufsabteilung	Purchasing Department
Einkaufsleiter	Purchasing Department Manager
Einkommensteuer	income tax
einladen	to invite (S. 32, 37, 38, 85)
Einladung (auf Einladung von)	invitation (at the invitation of) (S. 37, 84)
einrichten	to furnish, to fit
Einschreiben	recorded letter, registered letter
einverstanden (erklären)	to agree (S. 39)
Einverständnis	consent (S. 20)
Einverständnis (abgeben)	agreement (to give one's consent)
Einverständniserklärung	declaration of consent (S. 20)
einzeln	separately (S. 26)
Einzelpreis	single price
Einzelzimmer	single room (S. 29, 72, 74)

Einzugsermächtigung	standing order for a direct debit (S.19)
Empfangssekretärin	reception secretary
empfehlen	to recommend
Empfehlung	recommendation
Entfernung	distance
entschuldigen	to apologise (S. 23)
entschuldigt sein	to be excused
Entschuldigung	apology
entsprechend	appropriate, according to, in compliance with (as per)
Entwurf	draft, sketch
erfolgreich	successful
erforderlich	required
erfreut (sein)	to be glad, pleased/ delighted (S.15, 37, 57, 85)
erhalten	to receive, obtain
Erklärung	declaration (S. 22)
Erlaubnis	permit/licence (S. 68)
erlaubt (sein)	to be allowed/permitted (S. 27, 31)
Ersatz (leisten)	compensation, replacement
Ersparnisse	savings
erwarten	to expect (S. 26, 31, 35)
Essen gehen	to go out for a meal
Exportabteilung	Export Department
exklusive	exclusive
extra	separately, specially (S. 26)
Fabrik	factory
falsche Nummer	wrong number
Fax	fax (S.12, 36, 43, 46, 78)
faxen (etwas ...)	to fax
Faxgerät	fax (machine)
Faxnummer	fax number
Fehler	mistake, error
Feiertag	public holiday
Ferngespräch	long-distance call
Festessen	dinner, banquet

Firma	firm, company
Flieger	plane (S. 34)
Flug	flight (S. 33, 34)
Fluggesellschaft	airline (S. 35)
Flughafen	airport (S. 34, 35)
Flugnummer	flight number (S. 35)
Flugzeug	aeroplane, plane, aircraft (S. 34, 35)
Folgendes	following, as follows (S. 17, 21, 22)
Forderung (Geldforderung)	claim, demand, outstanding
Formular	form (S. 78, 80)
formulieren	to form
frei Haus	franco domicile
Freizeit	spare time
Fremdsprachen	foreign languages
freundlich	kind
frisch (sich frisch machen)	to freshen up (S. 32)
Frühstück	breakfast
frühstücken	to have breakfast
Frühstücksbüffet	breakfast buffet (S. 73)
führen (ein Gespräch führen; sprechen)	to talk with, speak to (S. 23, 24, 25, 28)
funktionstüchtig	functioning, working
fürchten (im Sinne von »leider« und im Sinne von »Angst haben«)	to be afraid that (S. 31, 34, 36, 37)
Garantie	guarantee
garantieren	to guarantee (S. 18, 29, 73, 75)
Gast	guest (S. 29)
Gebäude	building
Gebietsleiter	Area Manager
Gebühr	charge, fee, fare
Geduld	patience
geduldig (sein)	to be patient (S. 29)
gegebenenfalls	if required (S. 17)
Gegenstand	item, object

Gelegenheit	opportunity, chance
Gesamtpreis	total price
Geschäftsführer	manager
Geschäftsführung	management
geschrieben von (maschinell)	typed by (S. 16)
gesondert	separate (S. 26)
gestatten	to be permitted, allowed (S. 27, 31)
gestrichen, storniert	cancelled (S. 18, 30)
Gewerkschaft	trade union
gewissenhaft	conscientious
gewünscht	requested (S. 18, 20)
gezeichnet	sgd., signed (S. 16)
glücklich (sein)	to be happy (S. 13, 31, 71)
Glückwünsche	congratulations
großartig	marvellous, great (S. 31, 34)
gültig	valid (S. 34)
gute Besserung	hope you feel better soon, get well soon
gute Fahrt	have a nice trip
handeln (es handelt sich um)	it concerns, it is a question of
Handwerker	workman
helfen (jemanden)	to help (someone) (S. 14, 15, 23, 25, 27, 32)
Herausforderung	challenge
Herstellung	manufacturing, production
herzlich	cordially (S. 85)
hiermit	hereby (S. 21, 22, 37, 73)
hiervon	of this, from this
hinterlassen (Nachricht ...)	to leave (a message) (S. 25, 28)
hinweisen (auf etwas)	to draw somebody's attention to something
hochachtungsvoll	Yours faithfully, Yours sincerely (S. 15, 54, 66)

hoffen	to hope (S. 14, 15, 21, 22, 23, 27, 33)
Hoffnung (in der ..., dass)	(in the) hope (that) (S. 15, 76)
höflich	polite
Hotel	hotel (S. 29, 73, 77))
Hunger	hunger
hungrig	hungry
Ihr Zeichen	Your reference
Ihrerseits	as far as you are concerned, on your part
im Auftrag	by order
im Auftrag und auf Rechnung von	in order and for account of
im Voraus	in advance (S. 14, 15, 16, 30, 51, 53, 61)
immer noch	still
in Bezug auf	referring to, concerning
in der Anlage	attached, enclosed (S. 18, 19, 55)
in Firma	c/o
in Höhe von	a sum of, to an amount of
in Vertretung	as representative of (S. 10)
Industriebetrieb	industrial undertaking
Information	information (S. 14, 46, 76)
Ingenieur	engineer
inklusive	inclusive
kaputt	broken (S. 40)
Kassenbon	receipt, sales slip
kaufmännisch	commercial, business
Kenntnis (nehmen)	acknowledge
Koffer	case
Kollege	colleague
Konferenz	conference (S. 36, 37)
Konferenzzimmer	conference room
Konto	account(S. 199)
kopieren	to copy (S. 17, 49)
Kopiergerät	photocopier

Korrespondenz	correspondence (S. 43)
Kosten	costs (S. 22)
kosten (das kostet ...)	to cost (S. 30)
Kostenvoranschlag	estimate (S. 51)
Kredit	credit
Kreditkarte	credit card (S. 29)
Kugelschreiber	biro, ball-point pen
kümmern (sich ... um jeman-den)	to look after somebody
Kunde	customer, client
Kunden-Nr.	customer number (S. 35)
Kundendienst	after-sales service, cus-tomer services
Kundschaft	customer(s)
Kurs (Wechselkurs)	rate (exchange rate)
Lager	warehouse
Lastwagen	lorry, truck (USA)
leid (tut mir Leid)	(I'am) sorry (S. 27)
leider	unfortunately (S. 20, 38)
Leiter der (z. B. Technikabtei-lung)	Manager of, Head of (e. g., Technical Department)
liebe (Anita)	Dear (Anita)
Lieferant	supplier (S. 15)
Lieferdatum	delivery date (S. 62)
Liefertermin	date of delivery (S. 60, 62)
Lieferung	delivery(S. 12, 14, 18, 60, 62, 64)
Lieferung frei Haus	franco domicile
Lieferverzögerung	delivery delay (S. 18)
Lieferwagen	delivery van, truck
Lieferzusage	delivery promise
Luftfracht	airfreight, airmail
Luftpost	by airmail
Mahnung	reminder (S. 20, 67)
Mängel	defect, lack
Maschine	machine
Mehrwertsteuer	value added tax (VAT) (S. 63)
meinen (dass)	to think, believe (S. 24)

Messe	fair (S. 36)
Messebesucher	visitor to a fair
Mietwagen	hire car, rented car
mit (diesem Schreiben)	herewith, hereby (S. 21, 22, 37, 73)
mit (freundlichen Grüßen)	Yours sincerely, Yours faithfully (S. 15)
Mitarbeiter	employee, member of staff
Mühe	trouble (S. 15, 51)
Muster	sample (S. 14)
Nachfrage	enquiry, demand (S. 12, 13, 25, 53)
nachfüllen	to refill
Nachricht	message (S. 28)
Nebel	fog
Nettobarzahlung	net cash
Nettoeinkommen	net income
noch	still
noch nicht	not yet
nötig	necessary
nur	just, only, nothing but
Öffentlichkeitsarbeit	public relations
ohne Verzögerung	without delay
Original	original (S. 18)
Ortsgespräch	local call
Overheadprojektor	overhead projector
Paket	package, parcel
peinlich	embarrassing
per Fax	by fax
per Post	by mail
per procura	by proxy, p. p.
per Telefon	by telephone
Personalabteilung	Personnel Department/ Human Resources (S. 52)
Personalengpässe	staff shortages
Personalleiter	Head of Personnel
Personalreferent	personal assistant

persönlich	personal, personally, in person (S.14, 22, 31)
Porto	postage
postalisch	postal, by mail
Postfach	P.O. Box
Postleitzahl	postcode
Poststelle	Post Room
postwendend	by return mail
Präsentation	presentation
präsentieren	to present (S. 40)
Preisliste	price list (S.76)
Pressekonferenz	press conference (S. 37)
Pressestelle	Press Office
Prospekt	catalogue (S. 30, 46)
provisorisch	provisional
pünktlich	on time, prompt (S.18)
Quittung	receipt
Qualitätssicherung	Quality Assurance
Rahmen (im Rahmen dieses Festessens)	in the course of this banquet
Rechnung	invoice, bill (S. 20, 29, 58, 64, 74)
Rechnungsbetrag	invoice total
Rechtschreibung	spelling
Reisebüro	travel agency
Reiseschecks	traveller's cheques
Reisestelle	Travel Department
Reklamation	complaint (S.19)
Reklamationsstelle	Complaints Department
Reparatur	repair (S. 50)
reservieren	to reserve/book (S. 29, 35, 73, 75)
Reservierung	reservation (S. 29, 72, 74)
rufen (Taxi rufen, anrufen)	to call (a taxi)
Sachbearbeiter	clerk/official
Saldo	balance
Schaden	damage
Schalter	counter

schätzen	to estimate
Scheck	cheque (S. 18)
schicken	to send (S. 41. 51, 55, 63, 75)
Schiff	ship
schnellstmöglichst	as soon as possible (ASAP)
schon	already
schreiben	to write, to type (Maschine)
Schreibmaschine	typewriter
schriftliche (Bestellung) in writing	written (order) (S. 12, 17, 20)
Schriftverkehr	correspondence
Sehr geehrte (Damen und Herren)	Dear Sir or Madam, Dear Sir/Madam
sehr erfreut (erfreut sein)	to be delighted (S. 15, 37, 57, 85)
seitens (der Geschäftsleitung)	on the part of, by
Sekretärin	secretary
Sekretariat	Secretary's office
senden	to send (S. 41, 51, 55, 63, 75)
Sendung	consignment, shipment
separat	separate, separately (S. 26)
Signalton	signal (S. 28)
Sitzung	session, conference, meeting
so bald wie möglich	as soon as possible
sofort, umgehend	immediately (S. 20, 36, 41, 61)
Soll	debit
Sonstiges	any other matters
Sortiment	product range
spät	late (S. 23, 73)
Spätanreise	late arrival
spätestens	at the latest (S. 67)
Spedition	haulage/road freight
sprechen (mit)	to speak (to), to talk to (S. 23, 24, 25, 28)

Stellungnahme	reaction (S. 21)
Stellvertreter	deputy (S. 24, 27)
Stenogramm	shorthand
stenographieren	to write shorthand
Steuerberater	tax consultant
Steuerbüro	tax consultancy
stornieren	to cancel (S.18, 30)
streng geheim	top secret, strictly confidential
suchen	look for, search for
Tasse (Kaffee)	cup (of coffee)
Taxi	taxi, cab (S. 33)
Techniker	engineer, technician
technisch	technical
Teilnahme	participation (S. 22, 36)
teilnehmen	to take part (in), attend, participate (in) (S.14, 36, 37)
Teilnehmer	participant (S. 31, 36, 38, 40, 82)
Telefax	telefax, fax
Telefonat	telephone conversation/call (S.12, 23)
Telefonauskunft	directory enquiries
telefonisch	by telephone
telefonisch(e Anfrage)	telephone enquiry
Telefonnummer	telephone number (S. 24, 78)
Telefonzentrale	switchboard
Telegramm	telegram
telegraphisch	by telegram
telegraphieren (nach Übersee)	to cable, wire
Termin (festsetzen)	to fix a date
Termin (geben lassen, machen)	to make an appointment
Termin (haben)	deadline
termingerecht	on schedule (S. 66)
Ticket	ticket (S. 34)
Tippfehler	typing error

Tischkarte	place card
Toiletten	lavatories (S. 31)
Tor (Flughafen)	gate
transportieren	to transport
Transportkosten	transport charges
treu	loyal
trotzdem	however (S. 38)
übernehmen (Verantwortung …)	to take responsibility (S. 20)
Überprüfung	check (S. 54)
übersetzen	to translate
Übertragung (technische …)	transmission (S. 40)
Übertragungsfehler	transmission fault (S. 40)
Überweisung	transfer, remittance (S. 19, 64)
umgehend	immediate, immediately (S. 20, 36, 41, 61)
Umtauschrate	exchange rate
Unannehmlichkeiten	inconvenience (S. 23)
Unsere Zeichen	Our reference
unsererseits	for our part
Unterbringung, Unterkunft	accommodation
Unterlagen	documents (S. 49, 52)
Unternehmen	company, business, enterprise (S. 13)
unterschreiben	to sign (S. 17)
Unterschrift	signature (S. 10, 16, 20)
unterschriftsberechtigt	authorised to sign
Unterstützung	support, assistance (S. 37, 54)
unverzüglich	immediately, without delay (S. 20, 36, 41, 61)
unvollständig	incomplete (S. 20, 41)
veranlassen	to arrange (S. 14, 17, 18, 20, 63)
Veranstaltung	event, occasion (S. 13, 37)
Verantwortlicher	responsible person

Verantwortung (übernehmen)	to take responsibility (S. 20)
verbinden (telefonisch)	to put somebody through, to connect (S. 24, 26, 27)
Verbindlichkeiten (Schulden)	debts
Verbindung	connection
Vereinbarung	agreement (S. 25, 41, 50)
verfügbar sein	to be available (S. 29, 38, 63)
Verkaufsabteilung	Sales Department
Vermittler (Telefonzentrale)	Operator
Verpackung	package, packaging (S. 62)
Verpackungskosten	packaging costs
Verrechnungsscheck	collection-only cheque
verreisen	to travel
Versand	shipment, dispatch, forwarding (S. 48)
Versandabteilung	Forwarding/Shipping Department
Versandkosten	forwarding costs, shipping costs
verschicken	to send, forward, ship
versichert sein (sich versichern, dass ...)	to be assured
Versicherung	insurance (S. 35)
versorgen	to supply, to provide (S. 36, 40)
verspätet	delayed, late
Verspätung	delay (the being late) (S. 23, 33, 73)
Versprechen, versprechen	promise, to promise (S. 18)
verteilen	to distribute, to hand out (S. 17, 49)
vertraulich	confidential (S. 17, 49)
verursachen	cause
verwählen	to dial the wrong number (S. 24)
Verwaltung	administration

verzeihen	excuse, pardon (S. 23)
Vollmacht	full power, authorisation, power of attorney (S. 21, 68)
vollständig	complete, completely, entire, entirely
vollumfänglich	completely, totally entirely
voraus (im Voraus)	(in) advance (S. 14, 15, 16, 30, 51, 53, 61)
vorbereitet (sein)	to be prepared
Vorbereitung	preparation (to make preparations) (S. 58)
Vorgesetzter	superior
Vorschusszahlung	advance payment
Vorstandsmitglied	member of the board
Vorstandsvorsitzender	Chairman of the board
vorstellen (jemanden)	to introduce (someone) (S. 32)
Vorwahl	dialling code, area code
Warenannahme	Incoming Goods Department
wählen (eine Nummer)	to dial (S. 24, 25, 29)
während (seiner Abwesenheit)	during (his absence)
Wareneingang	Incoming Goods Department
Warteraum	Lounge (Flughafen), waiting room
Waschräume	washrooms (S. 32)
wechseln (Geld wechseln)	to change (money)
weiterhelfen	to help (S. 14, 15, 23, 25, 27, 32)
weiterleiten	to forward (S. 16, 17)
Werbeabeilung	Marketing Department
Werkleitung	Works Management, Plant Management
Wert	value
wichtig	important

Widerruf (bis auf …)	until revoked, until further notice
wiederholen	to repeat (S. 25)
wohnhaft sein	to be resident (S. 69)
Wunsch	desire, request, wish
z. B.	e. g.,
Zahlungsbedingungen	terms of payment
Zahlungstermin	date of payment (S. 18)
Zeichen (unser/Ihr Zeichen)	Our/Your reference
Zeichensetzung	punctuation
Zeitplan	timetable, schedule
Zeitpunkt	time (S. 17, 29, 60)
Zeitspanne	period
Zentrale	switchboard
zertifizieren (bescheinigen)	to certify (S. 22)
Zeugnis	certificate, reference
Ziffer	figure
Zoll	customs
zu Händen	attention of (S. 12)
zufrieden	to be satisfied, pleased
zur Zeit	at present, at the time of
zurückrufen	to call back (S. 24, 28)
Zusage	promise, acceptance
Zusammenfassung	summary, résumé
zusätzlich	in addition
zusichern (jemanden etwas …)	to assure
zuverlässig	reliable (S. 15)
Zweibettzimmer	twin-bedded room

Übung

Nachfolgend haben Sie die Möglichkeit, mit kleinen Sätzen ein wenig zu üben. Bei der Lösung haben wir in Klammern die Seitenzahlen angegeben, auf denen Sie je Absatz weitere Übersetzungsmöglichkeiten nachschlagen können.

Viel Erfolg und vor allem viel Spaß!

Deutsch	**Ihre Übersetzung**
1 Wir bestellen hiermit die folgenden Artikel	
2 Vielen Dank für Ihr Interesse an unserem Sortiment	
3 Die beigefügte Ware ist Teil der Lieferung vom 10.10.98	
4 Ich beziehe mich auf Ihre Bestellung vom 10.10.99	
5 Vielen Dank für Ihr Interesse an unserem Artikel	
6 Wir werden Ihren Auftrag umgehend bearbeiten	
7 Bitte finden Sie anliegend unsere Zahlungsbedingungen	
8 Bitte überweisen Sie den Betrag so schnell wie möglich	
9 Dazu geben wir folgende Stellungnahme ab	
10 Wir bescheinigen hiermit die Teilnahme am Kurs	

11	Es hat mich gefreut, Ihre Bekanntschaft gemacht zu haben
12	Kann ich Ihnen etwas anbieten, eine Tasse Kaffe?
13	Bitte entschuldigen Sie meine Verspätung
14	Darf ich Ihnen den Werkleiter vorstellen?
15	Können Sie mich bitte mit dem Kundendienst verbinden?
16	Leider ist Herr Müller im Moment außer Haus
17	Welche Nummer haben Sie gewählt?
18	Ich möchte gern ein Einzelzimmer vom 10. auf den 11. Oktober buchen
19	Haben Sie noch ein Doppelzimmer vom 10. bis 11. Oktober frei?
20	Bitte bestätigen Sie die Reservierung per Fax
21	Herr Berning wird den Flug um 10.00 Uhr ab Tegel nehmen
22	Bitte lassen Sie Herrn Berning am Flughafen zum Hotel abholen
23	Ich würde mich über eine Bestätigung sehr freuen
24	Bedingt durch einen Übertragungsfehler kam das Fax unvollständig an
25	Hiermit bevollmächtige ich Herrn Berning zur Abholung des Briefes

26 Ich wäre Ihnen dankbar,
    wenn Sie mir mitteilen
    würden, ob ein Audi A 4
    frei ist

27 Für Ihre Hilfe im Voraus
    besten Dank

28 Wir haben Ihnen die Unter-
    lagen beigelegt

29 Wir laden Sie herzlich zu
    dieser Veranstaltung ein

30 Leider kann ich aus beruf-
    lichen Gründen nicht an
    der Feier teilnehmen

Übersetzung mit Verweis

1 We would like to order the following articles (S. 17, 61)
2 Many thanks for your interest in our product range
   (S. 13, 61)
3 The enclosed goods are part of the delivery of
   10. October 1998 (S. 18)
4 I refer to your order of 10. October 1999 (S. 13, 14)
5 Many thanks for your interest in our article (S. 13, 47)
6 We will process your order as soon as possible
   (S. 18, 61)
7 Please find enclosed our terms of payment (S. 18)
8 Please transfer the sum at your earliest convenience
   (S. 19, 67)
9 Our reaction to the matter is as follows (S. 21,22)
10 We hereby certify the participation in the course (S. 22)
11 It was a pleasure to meet you (S. 14, 32)
12 May I offer you anything, a cup of coffee? (S. 31)
13 Please excuse my being late (S. 23)
14 May I introduce you to the Plant Manager? (S. 32)
15 Could you connect me with the Customer Services,
    please (S. 32, 26, 27)
16 I'm sorry, Mr. Miller is currently out of his office
    (S. 26, 27)

17 Which number did you dial? (S. 25)
18 I would like to reserve a single room for 10th to 11th of October (S. 29, 75)
19 Do you have a single room between 10th to 11th of October? (S. 30)
20 Please confirm this reservation by fax (S. 30, 36, 61)
21 Mr. Berning will be taking the 10 o'clock plane from Tegel (S. 34)
22 Please organise for Mr. Berning to be driven from airport to the hotel (S. 59)
23 I would be grateful if you could confirm this (S. 36, 59)
24 Due to a transmission fault, the fax arrived incomplete (S. 40)
25 I hereby authorise Mr. Berning to take receipt of the letter (S. 21, 23)
26 I would be grateful if you could inform me if an Audi A 4 is available (S. 15, 51, 53)
27 Thank you very much in advance (S. 14, 15, 53, 61)
28 Please find enclosed the documents (S. 18)
29 We would like to invite you cordially to this event (S. 85, 37)
30 Unfortunately, I'm unable to come to the party (S. 38)

Register